부자들의 **청년 시절**

부자들의 청년 시절

초판 인쇄 2023년 2월 1일
초판 발행 2023년 2월 6일

지은이 명로진
펴낸이 이혜숙
펴낸곳 (주)스타리치북스

출판 감수 이은희
출판 책임 권대홍
출판 진행 이은정 · 한송이
본문 교정 김영희
편집디자인 스타리치북스 디자인팀

등록 2013년 6월 12일 제2013-000172호
주소 서울시 강남구 강남대로62길 3 한진빌딩 2~8층
전화 02-6969-8955

스타리치북스 페이스북 www.facebook.com/starrichbooks
스타리치북스 블로그 blog.naver.com/books_han
스타리치몰 www.starrichmall.co.kr
홈페이지 www.starrichbooks.co.kr
글로벌기업가정신협회 www.epsa.or.kr

값 18,000원
ISBN 979-11-85982-77-9 03190

부자들의
청년 시절

명로진 지음

StarRich
Books

부자 되기를 결심하라

사람은 누구나 부자가 되고 싶어 한다. 물론 돈이 많다고 꼭 행복한 것은 아니다. 그러나 돈이 없으면 불행하다. 현대 사회에서 돈이 없다는 건 무시당할 조건 중 하나이다. "돈이 없어도 행복할 수 있다"라는 말에 속지 마라. 이런 생각이 당신을 돈에서 더 멀어지게 만든다. 돈이 없어도 행복할 수 있다고 말하는 사람에는 두 부류가 있다. 충분히 돈을 벌었거나 충분히 돈을 쓸 수 있거나…. 그러나 충분히 돈을 벌었다고 말할 수 있는 사람은 누구인가?

돈은 기본이다. 사람은 욕망하는 존재이다. '행복＝만족×1/욕망'이라는 공식이 있다. 행복해지는 데는 두 가지 방법이 있다. 욕망을 줄여서 자신이 가진 만족을 늘리거나 욕망하는 만큼 만족의 양을 크게 하는 것이다. 욕망이 크다면, 그 욕망을 충족시키기 위해… 학식, 지혜, 사랑, 우정 등등이 필요하다. 그러나 무엇보다 돈이 있어야 한다.

우리에게 "돈은 둘째 문제"라고 말하는 사람들을 가만히 관찰해보

라. 이미 돈이 충분한 사람들이다. 물론 그들은 돈을 인생의 중심에 놓고 살지 않았다. 성취욕, 몰입, 불굴의 정신, 승부욕 등등이 그들을 최고로 만들었고, 그 덕분에 돈이 그들을 따랐다.

잭 웰치는 말했다. "부자가 되는 일에 관심이 없다고 말하는 것은 매우 고상해 보일 수 있다. 그러나 그 결정은 여러 해 동안 당신의 생활에 영향을 준다. 특히 갚아야 할 빚과 내야 할 학비가 쌓이기 시작하면 더욱더."

부자들은 의외로 어린 시절부터 경제 교육을 철저히 받은 사람들이다. 돈에 대한 관념이 누구보다 냉철하고 냉정하다. 그들은 단 한 푼도 헛되이 돈을 쓰지 않는다. 돈을 모으기 위해 그들은 피와 땀을 쏟아부었고, 보통 사람들은 꿈도 꾸지 못할 만큼 돈을 벌었다. 그런 그들이기에 기부하는 모습이 아름답다. 그들이 기부하는 목적이 탈세라고 말하는 것은 피상적이다.

지금부터 부자가 될 준비를 하라. "우리 부모님이 나에게 물려준 게 없어서…"라는 나약한 소리는 하지 마라. 3년 뒤에 부모님께 용돈을 드릴까, 차를 선물해 드릴까 고민하는 사람이 되어라. 10년 뒤, 아이가 큰 병에 걸렸는데 "병원에도 못 가고 고생"이라고 말하지 말고 "삼성병원에 갈까, 아산병원에 갈까"를 고민하는 사람이 되어라. 20년 뒤에는 "자가용도 다 처분해서 힘들다"라고 푸념하지 말고 "벤츠가 나을까, 재규어가 나을까"를 갈등하는 사람이 되어라. 30년 뒤에? "자식들이 나를 돌보지도 않고 떠났다"라고 말하지 말고, "애들 사업이 어렵다는데 어떻게 도와줄까?"를 계획하는 사람이 되어라.

이 책에 나오는 부자들을 선정한 기준은 일단 단행본으로 기록이 남아 있는 사람으로 골랐다. 이 책을 쓰면서 놀랐던 점은 국내 굴지의 그룹 회장들에 대한 책이 거의 없거나 품절 상태라는 것이다. 책 한 권을 만드는 데는 그리 큰돈이 들지 않는다. 그런데도 자서전 한 권, 자신에 대한 기록 한 부 제대로 남기지 않았다는 건 안타까운 일이다.

필자는 이 책에 부자들의 청년 시절에 대해서 썼다. 청년 시절은 정확히 언제부터 언제까지인가? 대체로 10대 중반부터 30대 후반까지로 정했다. 이 책에는 19세기의 부자들도 몇 명 등장한다. 마쓰시타 고노스케나 앤드루 카네기 같은 사람들이다. 그들은 열다섯에 이미 집안 경제를 책임지는 가장이었다. 생물학적 나이는 중요하지 않다. 15세에 가장이 된 사람과 서른 살에도 부모에게 의지해 살아가는 사람 중 누가 더 어른인가? 그러나 40세 이후는 다루지 않았다. 물론 60세가 되어도 '마음은 언제나 청춘'이라고 외치는 건 자유이다.

세계적인 부자들의 특징은 첫째, 부지런하다는 것이다. 게으른 부자는 없었다. 그러나 부지런함과 게으름을 단순하게 나눌 수는 없다. '하루에 4시간씩 자며 일해야 한다'는 정의가 모든 이에게 적용되는 것은 아니다. 정주영 회장은 새벽 4시에 일어나 일과를 시작했지만, 이병철 회장은 밤 10시에 잠자리에 들어 오전 6시에 일어났다(8시간씩 잤다는 결론!). 잠을 자는 시간이 성공을 좌우하는 절대적인 기준은 아니라는 이야기이다. 중요한 건 '깨어 있을 때 얼마나 열심히, 몰입해서 자기 일을 하는가'에 달려 있다. 우리가 하루에 열두 시간을 일하면서도 실제로 몰두하는 시간은 얼마 되지 않는다는 것을 생각해보면 이 명제가 쉽게 이해될 것이다.

둘째, 열다섯 전후에 이미 자신의 길을 정했다는 것이다. 부자들은 대부분 10대 때 이미 부자였다. 대기만성이란 없다. 이들은 우리에게, 더 늦기 전에 정신 차리라는 말을 해준다(물론 30대에 본격적인 부를 축적한 사람들도 있으니 위안을 삼아라).

셋째, 어떤 형태로든 자기가 번 돈을 사회에 환원했다는 것이다. 세계적인 부자가 된 사람들은 기부에 인색하지 않았다. 물론 세금을 줄이기 위해서나 생색을 내기 위해 기부를 한 사람도 있고, 기부가 부자가 되는 조건이라고 생각하지 않은 사람도 있다. 기부는 부자가 되기 위한 충분조건이지 필요조건은 아니다. 다만 천문학적인 돈을 번 사람이 남을 위해 쓰는 것에 인색하면 후한 평가를 받지 못한다. 김윤종은 이렇게 말한다. "젊어서는 버는 돈이 내 돈, 나이 들어서는 남을 위해 쓰는 돈이 내 돈"이라고.

이 책에 등장하는 부자들은 대부분 일찍부터 결심했다. '부자가 되겠다!'고. 그게 부자가 되는 첫걸음이었다. 이 책을 읽는 모든 독자에게 지금 이 순간 부자가 되겠다는 결심을 하라고 종용하고 싶다.

여의도 금융가의 한 사무실에서
명로진

CONTENTS

"전 세계를 돌며 사람들을 만날 때마다 다들 한결같이 나에게 멋진 삶을 살고 있다고 말한다. 그 말이 틀린 건 아니다. 나는 아주 운이 좋은 사람이다. 천국이나 다름없는 근사한 섬을 소유하고 있고, 멋진 아내와 가족, 그리고 나를 위해서라면 기꺼이 맨발로 불 위라도 걸을 충실하고 재미있는 친구들도 있다.

나는 헤아릴 수 없이 많은 여행을 했고, 지금의 내 인생을 있게 해준 무수한 모험과 경험을 거쳤다. 심지어 한번은 영화배우 조지 클루니가 내 인생이라면 기꺼이 자기 것과 바꾸겠노라고 하는 바람에 내 아내가 몹시 흥분한 적도 있을 정도이다." ─리처드 브랜슨 중에서

부자라면 예술가처럼

조지 소로스 *George Soros*

리카싱 *Li Kashing*

조앤 롤링 *Joanne Rowling*

리처드 브랜슨 *Richard Branson*

오프라 윈프리 *Oprah Winfrey*

"내가 부자인 이유는 내가 틀렸을 때를 알고 있기 때문이다."

– 조지 소로스

조지 소로스

George Soros

허송세월을 보내야 해

소로스 펀드 매니지먼트 회장

—— **조지 소로스는 누구인가**

"**바이런 빈** : 어쩌다 철학을 공부하게 됐습니까?

조지 소로스 : 얘기하자면 깁니다. 알다시피 저는 칼 포퍼 박사에게서 큰 영향을 받았습니다. 포퍼 박사의 '열린사회'뿐만 아니라 그의 과학 철학에서도 많은 영향을 받았죠. '우리가 살고 있는 세계에 대한 이해라는 것은 원래 불완전하다'는 그의 사상을 수용했습니다. 우리는 우리가 이해하고자 하는 세계의 일부분이고, 또 세계를 이해하는 과정에 우리가 참여하고 있습니다. 이 사실에서 불완전성이 생겨난다고 봅니다.

(중략)

　연구하다 보니 고전 경제학 이론이 그릇된 가정을 토대로 하고 있다는 결론에 이르렀습니다. 그래서 저는 사고와 실재 사이의 상호작용을 갈파한 '재귀성 이론'을 만들게 됐죠. 이것을 하느라 1963년부터 1966년까지 3년 세월을 보냈습니다. 하지만 누구라도 자신의 신념을 전개하기 위해서는 3년 정도 허송세월할 필요가 있다고 봅니다."

-《소로스가 말하는 소로스》 중에서

　2017년 10월 영국 일간《파이낸셜타임스》는 조지 소로스가 180억 달러(20조 88억 원) 재산을 자신의 재단에 기부한다고 밝혔다.《포브스》에 따르면 그의 재산은 2017년 기준으로 244억 달러(27조 2300억 원)이다. 자기 재산의 80퍼센트를 기부한 셈이다.

　그에 대한 평가는 극에서 극이다. '금융 위기를 불러온 투기꾼'부터 '국적 없는 정치가' 또는 '세계의 양심'에 이르기까지 비난과 찬사를 한 몸에 받고 있다. 조지 소로스는 자본이라는 무기를 갖고 오직 투자라는 전략만으로 엄청난 재산을 축적해왔다.

　조지 소로스는 1973년 소로스 펀드라는 투자 회사를 만들어 이듬해 17.5퍼센트를 시작으로 1975년 27.6퍼센트, 1976년 61.9퍼센트 성장을 기록했다. 1980년에는 102퍼센트라는 경이적인 성장률을 보였다. 그가 펀드를 굴려 얻은 연평균 35퍼센트라는 수익률은 전무후무한 전설로 남아 있다.

　이러니 펀드매니저들이 그를 추앙할 수밖에 없다. 주식이나 펀드로 수익을 올리려는 사람들이 생각하기에 조지 소로스는 축구 선수들에게 펠레, 야구 선수들에게 사이 영, 피겨 선수들에게 김연아 같은 존재이다.

조지 소로스가 펀드를 통해 수십 배 수익을 올릴 동안, 미국 경제는 부진에 빠져 있었고 주가는 불과 40퍼센트밖에 상승하지 않았다. 조지 소로스는 곧잘 위기를 기회로 활용했다. 1992년 영국의 파운드화 위기 때 그는 싼 가격에 파운드를 사서 비싸게 파는 수법으로 일주일 만에 10억 달러를 벌었다. 2007년 서브프라임 위기 때도 12억 달러가 넘는 이익을 냈다. 이 때문에 그는 금융계의 미다스, 현대의 연금술사라고 불린다. 어떤 이들은 조지 소로스를 '금융계의 신'이라고 지칭한다.

——— 철학에 대한 사랑

조지 소로스를 최고의 투자가이자 세계적인 기부자로 만든 동력은 무엇이었을까? 청년 시절부터 줄곧 추구해온 '철학에 대한 사랑'이었다. 철학의 어원 philosophia는 '지혜에 대한 사랑'이라는 뜻이다. 조지 소로스는 지혜에 대한 사랑을 공부한 끝에 부에 대한 혜안을 갖게 되었다고 할 수 있다.

조지 소로스는 1930년 헝가리 부다페스트의 유태인 가정에서 태어났다. 2차 세계 대전이 끝나고 런던으로 건너와 런던 정경대학에서 철학을 전공했다. 이때 조지 소로스는 세계적인 철학자 칼 포퍼의 책《열린사회와 그 적들》을 읽고 충격을 받았다. 이 책의 내용을 요약하면 이렇다. '파시즘과 공산주의에는 상당한 공통점이 있다. 다양한 사회구성 원리에 반대된다는 공통점이다. 다양한 모습을 가진 사회가 바로 열린 사회이다….'

이후 조지 소로스는 평생 동안 철학에 애정을 갖고 살아간다. 사업가로 성공한 이후에도 철학가가 되지 못한 아쉬움을 토로했다. 이 아쉬움을 달래기 위해 철학자들을 여러 차례 초대해 심오한 주제로 토론을 벌이기도 했다. 이때 철학자들에게 왕복 비행기의 비즈니스 클래스 티켓과 두둑한 거마비를 챙겨주고 별 다섯 개짜리 호텔에 숙박하게 해주는 것을 잊지 않았다.

스물여섯 살에 조지 소로스는 뉴욕 월스트리트의 주식 중개회사에 스카우트되어 런던에서 미국으로 건너갔다. 그는 이때도 '미국에서 돈을 벌고 나서 다시 런던으로 돌아와 철학 공부를 해야겠다'는 마음을 품고 있었다. 조지 소로스는 평생 글 쓰는 작업도 멈추지 않았다. 돈 버는 재주에 비해 문장가로서는 능력이 많이 떨어졌지만《금융의 연금술》,《세계 자본주의의 위기》,《미국 패권주의의 거품》과 같은 책을 썼고 꽤 난해한 논문을 쓰기도 했다.

1960년, 서른 살이던 조지 소로스는 월스트리트의 투자분석가로서 전도유망한 나날을 보내고 있었다. 그러나 그는 여전히 철학에 대한 미련을 버리지 않았다. 낮에는 바쁜 업무를 수행하고 퇴근 후에는 철학책을 정독하거나 독자적으로 연구했다. 철학을 전공한 대학원생을 개인 교사로 고용해 토론을 벌이기도 했다. 그가 얼마나 철학을 좋아했는지 알 만하다.

2017년 벨기에 브뤼셀에서 열린 경제포럼에서 연설하는 조지 소로스

　돈도 많이 벌고 지위도 오른 조지 소로스에게 1962년 첫 시련이 닥쳤다. 그는 일본 보험회사의 주식을 대량 매입해 판매하려 했다. 그런데 미국 정부에서 외국 유가증권에 대해 세금을 부과한다는 소식이 알려지면서 투자를 약속했던 사람들이 손을 떼고 말았다. 조지 소로스가 궁지에 몰리자 함께 일하던 동료들조차 외면했다. 그들은 소로스를 부당거래자로 지목했다. 그는 큰 손해를 보고 회사를 그만두었다. 조지 소로스는 손해 본 것보다 동료들이 등을 돌렸다는 사실에 더 큰 충격을 받았다. 펀드매니저라는 일에 신물이 났다. 대체로 우리가 조직을 떠날 때 일보다는 사람 때문인 경우가 많다.

　조지 소로스는 그동안 스트레스도 받을 만큼 받았다고 생각했다.

'이참에 그동안 미뤄왔던 철학을 본격적으로 공부해야겠다'는 결심을 굳힌 그는 다음 해, 스승 칼 포퍼를 찾아 런던행 비행기를 탔다. 그리고 3년 동안, 그가 말하는 '허송세월'을 보냈다.

── 허송세월은 헛되지 않았다

말이 허송세월일 뿐, 그는 3년 동안 열심히 공부했다. 철학책을 읽고 논문을 한 편 썼다. 칼 포퍼의 '열린사회이론'을 근거로 한 '의식의 짐'이란 논문이었다. 이 논문에는 멋진 말도 꽤 있다.

"난 자유를 대안 획득이 가능한 것이라고 본다. 현재 상황에 대한 대안이 현저히 부족하거나 이동하는 데 너무 많은 노력과 희생이 따른다면 사람들은 현존 질서에 매이게 되며 각종 억압과 모욕, 착취를 당할 가능성이 있다. 하지만 대안을 비교적 제약 없이 획득할 수 있는 경우에는 이 같은 압력 요인에서 자유로울 수 있다. 자유란 사람들이 각자의 현재 위치에서 한 발짝 떨어질 수 있도록 만드는 것이다."

조지 소로스가 논문을 통해 말하고 싶었던 것은 '이 세상에 대한 우리의 이해는 불완전하다. 인식과 실재는 불일치한다. 이 불일치의 격차가 커지면 사건의 흐름을 결정짓는 주요 원인이 된다'는 것이었다.

조지 소로스의 철학 공부는 헛된 것이었을까? 그가 철학을 공부한 3년 세월은 허송세월이었을까? 조지 소로스는 철학 공부를 마치고 서른여섯에 다시 투자 사업에 복귀했다. 사업 자금을 지원받아 유망 주식에 투자했는데 큰 수익을 올렸다. 철학 공부를 마치고 돌아온 조지 소로스는 전혀 다른 세계관을 가진 펀드매니저가 되어 있었고 이후의 펀드 운용에서 승승장구했다.

조지 소로스는 자신이 연구했던 철학 이론을 투자 전략에 접목했다. 주식 시장이 오르고 내리는 과정을 철학적 사고로 분석하고 연구한 것이다. 그가 집착한 철학적 사고는 바로 '시장의 불확실성'이었다.

조지 소로스는 말했다.

"온갖 모순과 불완전한 요소, 예상하지 못한 사건이 세상을 이루고 있다. 세상은 직선으로 흐르다 곡선이 되고, 때로는 나선형이 된다. 이런 복잡한 세상을 철학 이론으로 설명한다는 것은 불가능하다. 그러나 세상보다 좁은 금융 시장에는 철학 이론을 적용할 수 있다."

그는 또 "화학에서는 다른 재료로 금을 만드는 연금술이 성공하지 못했지만, 금융에서는 가능하다. 적은 돈으로 큰돈(=황금)을 만들 수 있는 것이다"라고 갈파했다. 조지 소로스만의 독특한 예측 방식은 그에게 막대한 이익을 안겨줬다. 물론 그가 거둔 성공에는 철학적인 분석과 그만이 가진 동물적 감각이 밑받침되었다.

조지 소로스가 비록 '금융 시장에는 철학 이론을 적용할 수 있다'고 말했지만, 철학 이론을 적용해서 뭘 어떻게 한단 말인가? 이론을 적용해 돈을 벌어들이면 그 이론은 옳은 것이 되고, 그렇지 못하면 그른 것이 된다. 그는 자신의 이론이 옳다고 확신했지만, 하루가 다르게 급변하는 금융 시장에서 미래를 예측한다는 것은 결코 쉬운 일이 아니다.

시장은 불확실하다. 그게 정답이다. 아마도 그가 3년 세월을 보내면서 깨달은 것은 '시장이 미래에 어떻게 변화할지를 아는 것은 불가능한 일이다'라는 명제 아니었을까?

주식 시장에는 종종 이런 인물이 등장한다. 족집게 도사, 확률의 천재, 펀드의 귀재…. 이들은 마치 미래를 알 수 있는 것처럼 말한다. 예언이라도 할 듯 행동한다. 내일의 그래프를 자신한다. 그러나 내일 어떤 일이 벌어질지 알 수 있는 자는 누구인가? 아무도 없다.

확신하는 말이 들리면 그 자리를 피해라. 아마 이것이 조지 소로스의 철학이 아니었을까? 그 철학의 근본은 '내가 아는 것은 내가 확실히 아는 것이 아무것도 없다는 것뿐이다'라는 소크라테스의 정언 아니었을까?

───── 우리에게 필요한 시간들

조지 소로스의 3년 공부는 결코 헛되지 않았다. 그는 허송세월이라고 표현했지만 철학에 대한 천착이 조지 소로스에게 투자에 대한 새로운 안목을 갖게 했다. 그는 "내가 말하는 철학이란 돈 문제에 한정돼 있지 않은 인간 조건을 포괄하는 것이다. 금융 시장은 내가 정립한 철학 이론을 실험하는 장소였다"라고 말했다.

어찌 보면 무의미한 것처럼 보였던 3년 세월은 그로 하여금 세계 최고의 투자자가 되게 만들었다. 조지 소로스는 30대에 이미 최고의 투자자였고 억만장자였다. 그는 오직 일에만 매달렸다. 사교생활에는 관심이 없었고 취미는 수영과 테니스 정도였다. 그에게는 '돈 버는 것'이 취미 이상의 취미였다.

1969년 처음 펀드를 설립한 후 26년 동안 조지 소로스는 1981년 한 해를 제외하고 매년 투자자들에게 수익을 돌려줬다. 투자에 대한 그의 선구안을 인정한 각국은 조지 소로스를 초빙, 자문을 구하고 있다. 그가 더는 철학 공부를 하지 않아도 세상은 그의 의견을 필요로 한다. 조지 소로스는 스스로가 말한 대로 "머니 매니저로서 러시모어산에 새겨질 만큼" 명성을 쌓았다. 그러면서도 "부자가 돼서 제일 좋은 게 뭐냐?"라고 묻는 기자의 질문에 그는 "테니스를 여유 있게 칠 수 있다는 것"이라고 답했다.

조지 소로스가 젊은이들에게

"감히 꿈을 이루었다고 말할 수 있는 사람이 있을까요? 제가 그렇습니다. 돈을 벌고 쓰는 것에 대한 내 꿈은 그동안 다 이루었습니다. 내 사상이 어떤 업적을 이루었는가? 내 생각은 타당한가? 이게 지금의 나에게 가장 중요한 문제입니다. 필요 이상의 돈을 번 덕택에 나는 매우 자유로워졌습니다. 추상적인 이념을 옹호할 여유가 있는 것이죠. 그렇다고 다른 사람들도 나와 똑같기를 기대하지는 않습니다.

사람들은 모두 다르고 각자의 신념에 맞게 살아가야 하지요. 그게 바로 자유입니다. 나를 비판하는 사람들은 내가 피도 눈물도 없는 투자의 독재자라고 말합니다. 그러나 돈을 다루는 일을 하면서 내가 알게 된 것은, 돈은 곧 우리의 욕망이라는 것입니다.

그 욕망을 알게 해준 것은 젊은 시절 '허송세월'이라 불렸던 3년 동안의 공부였습니다. 그 시간에 나는 돈과는 전혀 상관이 없을 것 같은 철학 공부를 했습니다. 철학이란 지혜를 구하는 학문입니다. 돈 역시 지혜로운 사람이 갖게 됩니다. 돈을 욕하고 멀리하는 사람은 결코 돈을 벌 수 없으며, 지혜롭다고도 할 수 없습니다.

여러분이 지금 어떤 시간을 보내고 있는지 모르겠지만, 그 세월을 낭비라고 생각하지 마십시오. 내가 펀드매니저 생활을 그만두고 3년 동안 철학 공부를 하고 있을 때 사람들은 내게 시간을 낭비한다고 손가락질했습니다. 하지만 그때 했던 공부는 나중에 내가 펀드매니저로 성공하는 데 큰 힘이 됐습니다.

세상에는 공짜가 없습니다. 누구라도 젊은 시절에는 한 3년쯤, 책을 읽고 반쯤은 정신이 나간 사람처럼 사색하면서 빈둥거려야 한다고 생각합니다. 그러므로 현재 일을 하고 있지 않다고 해서 너무 실망하지는 마십시오. 지금 여러분이 생각하기에 쓸데없어 보이는 그 시간도 결국 미래의 성공에 밑거름이 될 것입니다."

"성공한 상인과 그렇지 못한 상인의 가장 큰 차이점은
성공한 상인은 어제보다 지혜롭다는 것이다."

– 리카싱

리카싱
Li Kashing

현장에서 배우기

홍콩 청쿵그룹 회장

────── **아시아 최고의 부자**

리카싱(李嘉誠, Li Kashing, 1928~)은 누구인가? 《포브스》에 따르면 리카싱의 재산은 2019년 3월 기준으로 약 266억 달러(약 31조 원)이다. 청쿵長江그룹을 이끌고 있는 세계적인 기업인이기도 하다. 청쿵그룹은 주력기업인 청쿵실업, 허지황푸, 홍콩텔레콤, 홍콩전력, 에어캐나다, 허스키에너지, 파나마 운하 등 460개 기업을 거느린 홍콩 최대의 다국적 기업이다. 부산과 광양의 컨테이너 터미널도 청쿵그룹 소유이다. 청쿵그룹의 사업 분야는 건설, 운송, 통신, 전력, 무역, 금융, 부동산, 소매, 서비스

업 등이며, 전 세계 41개국에 투자하고 있고, 직원 수는 16만 명에 이른다.

홍콩 상장 기업의 4분의 1, 홍콩 주식의 26퍼센트가 청쿵 소유이다. 그래서 '홍콩에서 1달러를 쓰면 그중 5센트는 리카싱의 주머니로 들어간다'는 말이 있을 정도이다. 리카싱은 투명하고 정직한 기업 경영, 사회에 대한 막대한 공헌과 기부를 펼쳐 세계에서 가장 존경받는 기업가 중 한 사람으로 인정받고 있다. 평생 술과 담배를 멀리하고 금욕적인 생활을 했다는 것, 사별한 부인을 잊지 못해 독신을 고집한다는 것도 그만의 매력이다.

그는 근검절약하는 생활로도 유명하다. 유일한 취미는 파스리(par3) 골프장을 오전에 두 시간 동안 도는 것이란다(엄청난 부자이니 다양한 소비 생활도 좀 해주었으면 하는 것이 필자의 엉뚱한 생각이다). 그의 별명은 상신, 재신, 초인(超人) 등이다. 그가 한 말 중 가장 유명한 말은 이것이다.

"달걀을 한 광주리에만 담지 마라."

───── 내가 알아야 할 모든 것은 찻집에서 배웠다

리카싱은 1928년 중국 광둥성 차오저우에서 출생했다. 중일전쟁이 터져 가족과 함께 홍콩으로 이주했으나 열네 살 때 부친이 사망하는 바람에 졸지에 가장이 됐다. 중학교 1학년이던 그는 학교를 그만두고 돈을 벌기 위해 사회생활을 시작했다.

첫 직업은 찻집 종업원이었다. 찻집 종업원으로 일하면서 그는 사회를 배웠다. 찻집에 오는 손님은 천차만별이었다. 신사다운 사람, 얌전한 사람, 무식한 사람, 거친 사람, 차만 마시고 가는 사람, 간식도 같이 먹는 사람, 뜨거운 차를 좋아하는 사람, 조금 식은 차를 좋아하는 사람, 차를 마실 때 꼭 담배를 피우는 사람 등등.

리카싱은 그들의 기호를 일일이 기억해두었다가 다음번에 손님이 또 오면 좋아하는 차를 알아서 내왔다. 손님들은 어린 리카싱을 맘에 들어 했다. 리카싱은 가난한 집 가장이었으므로 조숙했다. 그는 손님들의 이야기를 잘 들어주었다. 붙임성이 있고 성실한 소년은 곧 찻집의 마스코트가 됐다.

리카싱은 말한다.

"세상을 살아가는 데 필요한 지식은 학교에서 가르쳐주지 않는다. 아동심리학과 교수가 아이를 가장 잘 키우는 것은 아니다. 학교라고는 문턱에도 가보지 못한 할머니들이 신세대 주부들은 쩔쩔매는 가정의 대소사를 능숙하게 처리하는 모습을 쉽게 볼 수 있다. 사람과 세상 물정을 알아야 사업에 성공할 수 있다. 경영학을 배웠다고 해서 제품을 잘 판매하는 것은 아니다. 내 경우에는 열네 살 때부터 찻집 종업원으로 일하면서 다양한 손님에게 얻어들은 무수한 이야기가 사회와 세상을 이해할 수 있는 자양분이 됐다. 찻집은 나에게 세상을 상대로 장사하는 방법을 가르쳐준 살아 있는 교과서였다."

리카싱은 중학교 1학년 중퇴로 정규교육을 마무리했지만 배우려는 마음이 누구보다 강했다. 그는 쉬는 날이면 헌책방에 가서 책을 사곤했다. 평일에 다른 사람들이 마작을 하거나 술을 마실 때 그는 책을 읽었다. 하루에 열여섯 시간씩 일하고 돌아와서도 그는 꼭 한두 시간씩 책과 잡지를 읽고 잠에 들었다. 그가 독서와 함께 중요하게 여긴 것은 바로 현장에서 배우는 것이었다.

───── 발로 얻은 지식

리카싱은 찻집을 그만두고 외삼촌 좡징안이 운영하는 중난 시계회사에 들어갔다. 시계를 조립하고 수리하는 기술을 배우기 위해서였다. 그러나 외삼촌은 청소와 심부름만 하게 했다. '조카라고 특별대우를 할 수는 없다'는 게 좡징안의 지론이었다. 그런데 그 조카가 리카싱이라는 것이 문제였다.

열여섯이던 리카싱은 청소하는 틈틈이 시계 기술자들 어깨너머로 눈 도둑질을 했다. 기술자들도 점차 리카싱의 성실함을 기특하게 여겨 기꺼이 기술을 가르쳐줬다. 머리와 손재주가 좋은 리카싱은 반년 만에 시계 수리 기술을 마스터했다. 좡징안은 할 수 없이 리카싱을 정식 직원으로 승진시켜야만 했다.

리카싱은 낮에 일하고 밤에는 중·고등학교 과정을 독학으로 공부했다. 그러면서 시간이 나면 홍콩 시내를 돌아다녔다. 반년 동안 시계점을 찾아다니면서 사람들이 좋아하는 시계가 무엇인지를 연구했다. 1946년, 리카싱은 외삼촌의 회사를 그만두고 플라스틱 제조업체에 들어갔다. 시계회사를 그만둘 때 리카싱은 외삼촌에게 홍콩 시계 업계의 전망에 대해 이렇게 말했다.

"홍콩 고가 시계 시장은 스위스제가 점령하고 있고, 중가 시장은 일본 시계가 석권하고 있어요. 홍콩제 시계로는 앞으로 중저가 시장을 노려야 해요."

6개월 동안 밭품을 팔아 얻은 정보였다. 중난 시계 주식회사를 차려 막 도약하려던 외삼촌은 열여덟 살 조카의 의견에 귀를 기울였다. 쫭징안은 질 좋은 중저가 시계 생산에 주력했고, 훗날 이 시계회사는 홍콩 제일의 시계 업체로 도약했다.

정식 학력이 변변치 못했던 리카싱은 공부의 중요성을 절실히 깨달았다. 그러나 그 공부는 책상에 앉아서 하는 공부만 의미하지는 않았다. 현장에서 얻는 공부, 그게 진짜 공부였다.

플라스틱 회사에 들어가 영업사원으로 2년 동안 일하면서 최고 실적을 올린 리카싱은 앞으로 플라스틱 사업의 발전 가능성이 크다고 판단했다. 왜 그랬을까?

리카싱은 영업을 하면서 틈틈이 신문과 잡지를 읽으며 플라스틱에 대한 다양한 정보를 얻는 데 게을리하지 않았다. 또 관련 업체와 기관에 있는 사람들과 사귀면서 폭넓은 의견을 구했다. 그는 남들처럼 정해진 곳에 가서 정해진 방법으로 영업하지 않았다. 홍콩을 몇 개 구역으로 나누어 영업을 하면서, 틈틈이 각 구역의 플라스틱 소비 수준과 시장 현황을 꾸준히 기록해나갔다. 이 기록을 보면 각 구역의 판매량을 정확히 알 수 있었다. 누구도 이런 식으로, 데이터에 근거해 영업을 하지 않던 시기였다.

리카싱은 늘 사내 세일즈맨 중 1등을 했는데, 2등보다 실적이 여섯 배나 많았다. 정확한 데이터와 분석이 영업에 도움이 된 것은 물론이다. 그는 기록을 근거로 시장을 상세히 분석한 뒤, 사장에게 상품별 생산량과 판매 전략에 대해 건의했다. 사장은 리카싱의 건의를 그대로 반영했고, 그 결과 회사는 큰 수익을 올리게 되었다. 현장 공부! 그것이 리카싱의 판단 근거였다.

─── 스무 살에 사장이 되다

회사에서 공로가 컸던 리카싱은 스무 살이 되었을 때 사장으로 승진했다. 말하자면 월급을 받는 고용 사장이었다. 그는 영업에는 자신이 있었지만 생산 분야는 낯설었다. 리카싱은 플라스틱 생산 공정을 배우기로 결심했다. '모르는 것이 문제이지, 모르는 것을 묻는 것은 문제가 아니다'라는 신념(배우려는 사람의 신념은 이래야 한다)을 지닌 그는 회사에 출근하자마자 작업복으로 갈아입고 생산 현장으로 달려갔다.

명색이 사장인 그는 이곳에서 생산 직원들과 함께 플라스틱을 사출하고 절단하고 포장했다. 한번은 작업대에서 플라스틱을 절단하다 잘못해 손을 베이고 말았다. 피가 많이 났지만 리카싱은 붕대로 둘둘 만 채 다시 작업에 몰두했다. 결국 상처에 염증이 생겨 고름이 나오고서야 그는 병원으로 달려갔다.

몇 달 뒤, 리카싱은 모든 생산 부문을 훤하게 꿰뚫게 됐다. 현장 공부! 그것 덕분이었다. 이때부터 회사의 생산과 판매는 눈에 띄게 늘어났다. 약관의 나이에 리카싱은 고소득자가 되었고, 많은 이의 부러움을 사는 지위에 올랐다.

그러나 그는 자신의 현재에 만족하지 않았다. 아무리 임금을 많이 받아도, 명함에 사장이라고 새겨 넣어도 월급쟁이는 월급쟁이일 뿐이었다. 리카싱은 자기 사업을 하고 싶었다. 현장에서 몸으로 부딪히며 얻은 경험은 그에게 말해주고 있었다.

"플라스틱 사업을 시작해라!"

수년간의 공부(이런 걸 우리는 내공이라 한다)가 쌓인 그는 주저 없이 독립해서 창업했다. 청쿵플라스틱 공장. 오늘날 청쿵그룹의 모태가 되는 회사이다. 청쿵플라스틱은 플라스틱 완구, 비누 케이스 등을 생산했다. 마침 폭발적으로 늘어난 수요로 인해 그의 회사는 안정적으로 발전해 나갔다.

──── 이탈리아 도둑 공부

1957년 어느 날, 잠자리에서 《플라스틱》이라는 영문 잡지를 보고 있을 때, 그는 "플라스틱 조화造花가 유망 산업이 될 것이다"라는 기사를 읽고 충격을 받았다. '홍콩의 플라스틱 조화 산업을 선점해야겠다'고 결심한 그는 플라스틱 조화 생산의 선진국이었던 이탈리아행 비행기를 탔다. 이미 청쿵플라스틱으로 돈도 벌 만큼 벌었고, 스물아홉 젊은 사장으로서 사회적으로도 인정받고 있을 때였다. 그와 비슷한 나이에 성공한 다른 청년 사장들이 도박과 유흥과 여자에 미쳐 있을 때, 리카싱은 모든 것을 뒤로한 채 홍콩을 떠났다.

리카싱은 잡지에서 본 회사의 주소로 찾아갔다. '홍콩에서 조화를 판매하려 한다'는 말에 직원은 정중히 그를 안내했다. 리카싱은 그곳에서 샘플 조화와 팸플릿을 얻었다. 문제는 생산이었다. 당시 조화 생산 기술은 극비여서 특허권이 있을 정도였다. 이탈리아 회사가 그 기술을 아무에게나 전수해줄 리 없었다. 리카싱으로서는 엄청난 로열티를 지불하고 특허권을 사들여봐야 수익이 맞지 않으리라는 계산이 섰다. 해결 방법은? 현장 공부였다.

며칠 동안 공장 근처에 머물던 그는 어느 날 지역 신문에서 '생산직 사원 모집' 공고를 발견했다. 자신이 방문한 그 공장의 광고였다. 리카싱은 공장을 찾아가 "공원으로 일하고 싶다"라고 말했다. 지배인은 "외국인인 데다 여행비자만 갖고 있으니 폐기물 처리 같은 업무나 해야 한다"라고 답했다. 게다가 월급은 반밖에 줄 수 없다고 했다. 불법취업자인 리카싱이 당국에 고발할 수 없는 상황을 역이용한 처사였다(요즘에 대한민국 어디선가 많이 이뤄지는 일이다). 리카싱은 할 수 없이 그 일을 받아들였다.

폐기물 처리를 맡은 것은 리카싱에게 새옹지마(塞翁之馬)였다. 폐기물 수거라는 명목으로 그는 공장 이곳저곳을 돌아다니며 탐색할 수 있었다. 시간이 지나면서 리카싱은 특유의 성실함과 붙임성으로 작업반장을 사로잡았다. 그 아래 기술자들은 말할 것도 없었다. 휴일이면 그들을 데리고 중국 식당에 데려가 밥을 샀다. 그러면서 이렇게 너스레를 떨었다.

"중국에 식구들을 두고 왔는데…언제까지 허드렛일만 해야 하는

두 아들이 다녔던 미국 스탠퍼드대학교 방문 당시의 리카싱(2010년)

지…나도 플라스틱 조화 만드는 기술을 배워서 얼른 기술자가 되고 싶은데….”

이탈리아 기술자들은 이미 리카싱의 친구가 되어 있었다. 이산가족의 가장을 불쌍히 여긴 이탈리아 기술자들은 너도나도 그에게 조화 만드는 비법을 전수해줬다. 리카싱은 꼼꼼히 기록해가며 열심히 배웠다. 현장 공부였다. 이탈리아가 독점하고 있던 플라스틱 조화 생산 기술에 대한 특허권은 이렇게 해서 줄줄이 새나갔다.

플라스틱 조화 생산 기술과 샘플을 동시에 습득하고 그는 몇 달 만에 홍콩으로 돌아왔다. 청쿵실업은 곧 플라스틱 조화를 선보였고, 날개 돋친 듯 팔려나갔다. 7년 뒤 청쿵실업은 세계 최대 플라스틱 조화 생산

업체가 됐다.

───── 열심히 하겠습니다!

청쿵실업을 세운 지 얼마 안 되었을 때, 리카싱은 외국 바이어와 업무계약을 하기 위해 담보가 필요했다. 일정 자산을 보유하지 않은 작은 회사가 혹시라도 생산에 차질을 빚거나 계약금을 떼어먹을까 봐 당시에는 이렇게 조처했다. 그러나 몇 날 며칠을 뛰어다녀도 담보를 얻을 수 없었다. 리카싱은 하는 수 없이 외국 바이어와 만나기로 한 약속 장소에 빈손으로 나갔다. 그는 바이어에게 이렇게 말했다.

"선생, 나는 당신이 원하는 담보인을 찾을 수 없었습니다."

외국 바이어는 평소 리카싱이 성실하다고 여겨 그에게 물었다.

"미스터 리, 당신에게 공장을 잘 운영할 방법이 있습니까?"

"예, 있습니다."

"그게 뭡니까?"

"지혜와 학습과 노력으로 할 것입니다."

이 말을 들은 바이어는 웃으며 답했다.

"됐습니다. 당신을 믿겠습니다. 담보는 필요 없으니 열심히 해주십시오."

리카싱은 "가게나 하나 차려볼까?" 하는 청춘들에게 이렇게 충고한다. 철저히 공부한 뒤 창업하라고. 많은 사람이 월급쟁이 생활에서 탈피하겠다는 일념으로 무작정 창업에 서둘러 뛰어드는데 그것은 교통신호를 모르는 어린아이가 대로변으로 뛰어드는 것만큼 위험천만한 일이라고. 사업은 전쟁이고 시장은 전장이라고. 창업한다는 것은 혼자서 사회와 싸움을 시작하는 것이기 때문에, 새로 펼칠 사업 분야를 사전에 '경험'하면서 철저히 배워야 한다고.

'배우고 또 배운다.' 청년 리카싱의 좌우명이다. '학습하고 노력하고 공부해라.' 젊은 리카싱이 당부한다. '책상에서 익히고, 현장에서 확인하라.' 상신 리카싱 선생님의 말씀이다. 우리가 할 일은? 배우고 익히며 때로 즐거워하는 것뿐이다. 이건 공자님 말씀이다.

리카싱이 젊은이들에게

"여러분은 아마도 학교에서 배우는 것이 전부라고 생각할지 모르겠습니다. 그러나 학교를 졸업하고 나서 진짜 공부가 시작됩니다. 대학을 졸업하고 대학원에 다니면서도 학교를 졸업하면 뭘 해야 할지 생각하지 않는 학생이 많습니다. 그것만큼 위험한 투자도 없지요.

나는 대학은커녕 고등학교도 제대로 나오지 못했지만 현장에서 많은 것을 배웠습니다. 학교에서 정규교육을 받은 사람이 가질 수 있는 잘못된 태도 중 하나는 이런 것입니다.

'학교에서 배운 것만으로도 충분해.'
'이런 건 학교에서 배우지 않았으니 중요한 게 아니겠지.'
'내가 굳이 기름때를 묻혀가며 일을 배워야 하나?'

만약 여러분이 월급쟁이를 하면서 부장이나 팀장쯤 되어 정년을 맞을 생각이라면 현장 공부는 하지 않아도 됩니다. 그러나 여러분이 자기

회사를 갖겠다는 꿈이 있다면, 한 살이라도 젊었을 때 현장에서 어떤 일이 벌어지고 있는지 알아야 합니다.

가끔 학력이 높은 사람들이 어려운 일을 당했을 때 몸을 사리는 모습을 보곤 합니다. 공장에 재해가 났을 때나 회사가 이사할 때, 소위 엘리트라는 사람들은 뒤로 빠져 있곤 합니다. 대학을 졸업하고 박사 학위를 가졌다는 사람들이, 큰일이 생겼을 때 팔짱을 끼고 명령이나 하려 한다면 도대체 학교에서 배운 것이 뭐란 말입니까?

책상에 앉아 있기보다는 뭔가가 생산되고 창조되는 곳에 가보길 바랍니다. 그곳에서 사람들을 만나고, 일을 배우고, 시행착오를 거치고, 자신만의 아이디어를 만들어보길 바랍니다. 그럼 당신의 성공은 머지 않은 미래에서 당신을 기다리고 있을 겁니다."

"우리는 세상을 바꾸기 위해 마법을 필요로 하지 않는다.
이미 우리 안에 모든 힘을 가지고 있다."

– 조앤 롤링

조앤 롤링

Joanne Rowling

당신만의 호그와트

영국의 소설가

—— 신화가 된 책

'성서 다음으로 제일 많이 팔린 책'

'아이들을 텔레비전과 게임기로부터 멀어지게 하다.'

'초판 380만 부를 찍어냈으나 몇 시간 만에 동이 나다.'

조앤 롤링이 쓴 《해리 포터》에 대한 이야기이다. 해리 포터는 전 세계 67개국 언어로 번역되었고 4억 부 이상 판매되었다. 할리우드에서 영화로 여러 편이 제작되었고, 유니버설 스튜디오에는 해리 포터 테마

파크가 생겨났다. 책의 배경이 되는 영국 곳곳의 명소는 관광객으로 넘쳐난다.

해리 포터와 관련한 콘텐츠 매출은 100억 달러를 넘어섰는데, 이것은 해리 포터 책과 영화에 등장하는 영국 내 지역의 관광 수입은 제외한 것이다. 《뉴욕타임스》는 지난 2016년 조앤 롤링의 순자산을 12억 달러(1조 3620억 원)로 추산했다. 그녀는 기부에도 후하다. 2010년 가을, 다발성 경화증 연구를 위해 에든버러대학교에 1000만 파운드를 기증했다. 조앤 롤링의 어머니는 다발성 경화증을 앓다가 숨졌다. 조앤 롤링은 이 병으로 고통받는 사람들이 줄어들기를 염원했다.

조앤 롤링은 1965년 영국 남서부 예이트에서 태어났다. 책 읽기를 좋아하는 어머니의 영향을 받은 그녀는 어린 시절부터 읽고 쓰기를 좋아했다. 학교에 다니던 내내 책 읽기 마왕, 글짓기 여왕이었다. 그 덕분에 학업 성적은 좋았다. 고등학교도 우등으로 졸업했다.

조앤 롤링이 언어에 소질이 있다는 것을 알고 있던 부모는, "불어와 문학을 공부해서 외국어 능력을 갖춘 비서가 되어라"라고 충고했다. 조앤 롤링은 그 말을 받아들여 엑서터대학교에 들어갔다. 자유분방한 생활을 꿈꾸며 대학에 입학한 그녀는 곧 실망했다. 대학이란 데가 그녀가 바란 것처럼 창의력을 마음껏 키워주는 곳이 아니었기 때문이다. 그녀의 눈에 비친 엑서터대학교는 전통적 이념이 가득한 보수적인 상아탑이었다.

조앤 롤링은 대학 재학 중 많은 책을 읽었다. 마치 엑서터대학교 도서관이 보유한 100만 권 장서를 모두 읽어버리기라도 하려는 듯 독서에 몰두했다. 엑서터대학교 사서들은 그녀를 "책을 가장 많이 대출해 간 학생"으로 기억한다.

그녀가 가장 좋아했던 책 중의 하나는 J.R.R. 톨킨의 《반지의 제왕》이었다. 조앤 롤링은 톨킨의 팬이 되었고 책 모서리가 너덜너덜해질 때까지 《반지의 제왕》을 읽었다. 신화와 관련된 책도 다수 읽었다. 그녀가 대학 때 읽은 수많은 책은 나중에 《해리 포터》를 쓰는 데 든든한 자양분이 됐다.

─── 넋이 나간 신입사원

스물두 살이 되던 해, 조앤 롤링은 엑서터대학교를 졸업하고 국제사면위원회에 취직했다. 꽤 중요한 일을 하고 있다는 자부심에도 불구하고, 그녀는 직장에 흥미를 느끼지 못했다. 그녀가 하는 일은 타이핑을 하고, 회의록을 정리하고, 차를 끓여 내오고, 복사하는 일이었다. 일을 하는 동안에도 그녀의 마음은 늘 딴 곳에 가 있었다. 그녀는 뻔하고 지루한 일을 반복해서 한다는 사실을 못 견뎌 했다. 왜 그랬을까?

조앤 롤링은 이렇게 말한다.

"무슨 일을 하고 있든 늘 정신 나간 사람처럼 무언가를 끼적이고 있었어요. 그 당시 사무실에서 일하며 그나마 즐거울 수 있었던 건, 아무도 보지 않는 틈을 타서 내 이야기들을 컴퓨터로 깔끔히 타이핑할 수 있었기 때문이에요. 어쩌다 회의할 때도 난 그저 서류 귀퉁이에다 머릿속에 떠오르는 이야기의 아이디어를 끼적이거나, 그럴듯한 등장인물들의 이름을 이것저것 골라보는 등 거의 딴생각만 하고 앉아 있었답니다. 회의록을 챙겨야 할 서기로서 그런 태도는 아주 치명적이었지요."

이런 여직원을 회사에서 그냥 둘 리가 없다.

"자, 조앤. 오늘 회의의 중요 안건을 다시 한번 정리해주세요."

"네. 그게…. 그러니까 아까 볼드모트, 아니 볼티모어 지부에서 온 소식에 따르면 헤르미온느, 아니 해리 포터…. 아, 죄송합니다. 해리언 의원의 대소말리아 지원 건이 미국 국회에서 거부당했고, 사우디의 혼혈 왕자, 앗! 사우디의 압둘라 왕자는 우리 위원회에 마법사, 아니 변호사를 대동하고 방문하기로 했답니다."

조앤 롤링이 발표를 하면 직원들은 웃음을 터뜨렸고, 상사들은 한숨을 내쉬었다. 위원회 사람들로부터 '이상한 처녀', '넋 나간 아가씨', '유체이탈자'라는 평판을 듣던 조앤 롤링은 2년 만에 직장에서 해고되고 말았다.

얼마 후 그녀는 또 다른 직장을 얻었다. 출판사였다. '글을 쓸 수 있다'는 선배의 말에 흔쾌히 일을 맡았지만, 그녀가 하는 일이라고는 다른 작가의 글을 다듬거나 투고 원고에 대해 거절 편지를 쓰는 것 따위였다. 조앤 롤링은 며칠도 못 되어 자신이 바라는 글쓰기는 이런 잡일과는 거리가 멀다는 것을 깨달았다(신입사원들은 모두 어느 정도는 몽상가들이다. 출판사에 들어가면 글을 쓰며 살 수 있을 거라 생각하고, 증권회사에 들어가면 바로 펀드매니저가 될 거라 생각하고, 무역회사에 들어가면 곧 해외를 제집처럼 오가며 살 수 있을 거라 생각한다…그러나 어떤 일이든 제대로 하려면 최소한 3년은 허드렛일에 투자해야 한다).

조앤 롤링의 다음 직장은 맨체스터 상공회의소의 사무직이었다. 이곳에서도 그녀는 '몽상 처녀'였다. 점심시간에 동료들이 밥을 먹으러 갈 때면, 그녀는 급히 카페에 가서 커피 한 잔을 마시면서 글을 썼다. 동료들은 점심때만 되면 핑계를 대고 다른 곳으로 사라지는 조앤 롤링이 혹시 아르바이트를 하는 것은 아닌지 의심했다. 조앤 롤링은 이때 시간을 쪼개어 소설을 썼는데 카페에서 급히 글을 쓰는 버릇은 나중에 《해리 포터》를 완성하는 데 큰 도움이 됐다.

조앤 롤링은 사교적인 성격이 아니었다. 물론 대놓고 무뚝뚝하거나 사람들과 어울리지 않은 것은 아니었다. 다만, 마음이 콩밭(글쓰기)에 가 있었기 때문에 다른 사람들과 나누는 대화에 전념할 수 없었다. 그녀는 일하면서 자기 사생활을 지키는 방법을 고안해냈는데, 클래식 음악에 취미를 붙이는 것이었다.

조앤 롤링은 카세트테이프를 여러 종류 사서 반복해서 들은 후 자기가 좋아하는 곡을 몇 개 골라냈다. 그중 하나는 베토벤의 피아노 소나타 '열정'이었다. 누군가 말을 걸어 귀찮게 하려는 낌새가 보이면, 그녀는 헤드폰을 끼고 '열정' 소나타를 따라 흥얼거렸다.

"그렇게 하면 사람들은 나에게 이야기를 하다가 멈추곤 했죠. 나는 타이핑을 하는 척했어요."

맨체스터에서 조앤 롤링은 엑서터대학교 시절의 남자 친구와 데이트를 하곤 했다. 남자 친구와 만나면서도 그녀는 여전히 글 쓰는 일에 몰두했다. 퇴근할 때쯤 되면 조앤 롤링은 가끔 이런 생각을 했다. '제발 오늘 저녁에는 회사 동료 중 누군가에게 축하할 일이 생기지 않았으면 좋겠다.'

새집을 샀으니 오라, 베이비샤워(만삭인 임산부를 위해 여는 축하 파티)를 하니 와라, 결혼식 피로연에 참석해라, 승진했으니 회식을 하자…. 영국도 우리와 사는 모습은 같았나 보다. 조앤 롤링이 회사원 모임에 참여하기 싫어했던 이유는 단 하나, 글 쓰는 시간을 빼앗기기 때문이었다(모든 경조사에 다 참여하는 것이 능사는 아니다).

―― 해리 포터의 시작

1990년, 조앤 롤링은 직장이 있는 맨체스터에서 기차를 타고 런던의 집으로 돌아가고 있었다. 얼마쯤 갔을까? 갑자기 기차가 멈추고 안내 방송이 흘러나왔다. '기계 장치에 이상이 생겨 잠시 운행을 중지해야 한다'는 것이었다. 조앤 롤링은 창밖을 내다봤다. 초원에서 한가롭게 풀을 뜯고 있는 소 떼가 보였다. 이때 그녀의 머릿속으로 한 아이가 들어왔다. 마치 마법처럼.

"멍하니 소들을 바라보고 있던 바로 그때, 내 마음에 해리 포터에 대한 아이디어가 번쩍 나타나는 것이었어요. 왜 그런 생각이 났는지 도저히 말로는 설명할 수가 없어요. 다만 내 마음의 눈에 해리와 그가 다니는 마법학교, 호그와트가 선명하게 보인 것만은 확실해요. '자신이 누구인지 모르고 있던 소년, 그러나 사실은 마법사인 한 소년'에 대한 발상은 그렇게 갑자기 떠오른 거랍니다."

펜과 종이도 없었던 조앤 롤링은 차분히 앉아 눈을 감고 해리 포터와 호그와트 마법학교에 대해 상상했다. '해리의 친구는 론으로 하자.

해리와 론 사이의 소녀 이름은…. 그래, 헤르미온느가 좋겠어. 마법학교 이름은…내가 좋아하는 관엽 식물 이름 호그와트로 하고…마법학교에 가려면… 오케이, 킹스 크로스역 9와 3/4 승강장에서 마법의 기차를 타는 거야.'

등장인물이 꼬리에 꼬리를 물고 나타났다. 사건이 연이어 떠올랐다. 마법 주문도 쉴 새 없이 생각났다. 조앤 롤링은 이 세상에 없는 세상의 이야기들에 골몰했다. 오직 어린아이만 꿈꿀 수 있는 세상의 이야기들에. 현실이 고달픈 어른들도 순수해질 수 있는 세상의 이야기들에.

잠시 후 기차가 다시 움직이기 시작했다.

"젠장! 아예 약속을 취소해야겠네."

"아니, 무슨 선로 수리를 네 시간씩이나 하냐고!"

여기저기서 사람들이 불평을 터뜨리는 소리가 들려왔다. 조앤 롤링은 짧은 정지라고 느꼈는데 기차는 무려 4시간이나 멈춰 있었다!

역사상 가장 많이 읽힌 판타지 소설로 기록될 이야기는 이렇게 탄생했다. 조앤 롤링은 이후 구체적인 스토리를 만들어갔다. 틈틈이 기록하고 메모하고 글을 써나갔다. 물론 상공회의소에 다니면서였다.

'자신이 마법사인 것을 모른 채 매정한 친척 집에서 양육되는 해리…어느 날 갑자기 초대장이 날아온다. 마법학교 호그와트의 입학 허가서이다. 해리는 킹스 크로스역 9와 3/4 승강장으로 가서…'

조앤 롤링은 해리의 흥미진진한 모험과 그의 세계를 다채롭게 수놓을 인물들의 기기묘묘한 이름을 고안해냈다. 그들의 행동 하나하나를 창조해낼 때마다 희열을 느꼈다. 해리는 조앤 롤링에게 영감을 불어넣어주는 존재였다. 회사의 동료들은 그녀가 뭔가에 푹 빠져 있다는 것을 눈치챘다. 그러나 그것이 무엇 때문인지는 알 수 없었다.

그녀는 가끔가다 이렇게 중얼거리곤 했다. "그래! 덤블도어. 뒤영벌 이름인 그게 딱이다." "호그와트의 교훈은? 잠자는 용은 건드리지 마라. 흐흐흐." "하늘을 나는 도구로는 빗자루가 어울리지."

── 꿈속에 사는 여인

조앤 롤링은 이미 해리 포터의 세계 속에 살고 있었다. 당연히 직장 일에 충실할 수 없었다. 조앤 롤링이 해리 포터라는 환상적인 이야기를 머릿속에 담고 직장에 다닐 무렵, 오랫동안 다발성 경화증을 앓던 어머니가 45세 나이로 세상을 떠났다. 조앤 롤링은 충격에 몸을 가누지 못할 정도였다. 엎친 데 덮친 격으로 며칠 뒤 그녀는 상공회의소에서 해고 통지를 받았다.

"정말 악몽 같은 기간이었습니다. 해리 포터에 매달리지 않았다면 그 시절을 무사히 견뎌내지 못했을 거예요." 조앤 롤링은《피플》지와 인터뷰하면서 이렇게 고백했다.

스물여섯 살에 조앤 롤링은 포르투갈로 떠나 영어 선생님으로 재직했다. 우리나라에 와서 생활하는 원어민 선생님 같은 개념이다. 그녀는 이곳에서 만난 포르투갈인 호르헤 아란테스와 스물여덟 살에 결혼했다. 결혼 후 딸 제시카를 낳았지만 남편 아란테스는 무능력하고 게으른 사람이었다. 그녀가 양육비라도 벌기 위해 발버둥 칠 때, 군대를 막 제대한 아란테스는 TV나 보며 소일하고 있었다. 그녀는 아란테스와 이혼하고 딸과 함께 에든버러로 돌아왔다(아란테스, 당신 실수한 거야. 그때 아르바이트라도 하면서 조앤을 붙잡았어야지!).

조앤 롤링은 수중에 있는 돈으로 겨우겨우 원룸을 얻었지만 쥐가 들끓고 난방도 제대로 되지 않는 곳이었다. 변변한 아르바이트 자리 하나 얻을 수 없었던 이때, 그녀는 주당 12만 원인 정부 보조금으로 살았다.

돈이 없어 끼니를 거르기가 일쑤였고, 할인점에서 공짜 기저귀를 얻으려다 모욕을 당하기도 했다. 20대 '돌싱' 조앤 롤링은 가난하고 비참했다. 그러나 그녀는 결코 글쓰기를 멈추지 않았다. 틈만 나면 시내의 니콜슨 카페로 달려가 커피 한 잔을 시켜놓고 하루 종일 글을 썼다. 쓰는 동안에 그녀는 현실의 고통을 잊을 수 있었다. 오직 글을 쓸 때만 그녀는 행복하고 자유로웠다. 희망이 있었기에 글을 쓴 것이 아니라 글을 썼기 때문에 희망이 있었다.

——— 당신만의 호그와트는?

필자의 친구 한 사람은 100평짜리 빌라에 사는데 한쪽에 자신만의 서재와 집필실을 마련해놓고 있다. 매달 말 부동산 임대 수입이 들어오고, 벤츠를 몰고 다닌다. 그런 그가 1년이 넘도록 쓰는 원고의 양은 A4 용지 열 장도 채 안 된다. 그러면서 명함에는 '작가'라는 직함을 박아 넣고 다닌다. 그는 왜 글을 쓰지 못하는 것일까? 그에게는 그만의 호그와트가 없기 때문이다. 아마도 그의 호그와트는 뉴타운 개발 구역에 박

조앤 롤링의 《해리포터》 시리즈가 전시되어 있는 영국 서점 윈도

아놉은 노른자위 땅일지도 모른다.

조앤 롤링은 생애 최악의 상황에서도 글을 썼다. 글을 쓸 때만 그녀는 진정한 자신의 모습으로 돌아갈 수 있었다. 어떤 어려움과 고난도 그녀를 막지 못했다. 그녀에게는 그녀만의 호그와트가 있었기에 글쓰기를 멈출 수 없었다.

서른 살이 되던 1995년, 그녀는 '해리 포터와 마법사의 돌'을 완성하고 원고를 출판 에이전시에 보냈다. 크리스토퍼 리틀 에이전시의 브라이어니 에반스는, 이 원고의 가능성을 알아보고 여러 출판사에 보냈다. 그러나 열 곳이 넘는 출판사에서 출판을 거절했다. 조앤 롤링이 포기하고 있을 즈음, 열세 번째 출판사인 블룸스베리사가 책을 출판하겠다는 연락을 해왔다. 이때 출판사가 내건 조건은 '계약금은 2000파운드(약 300만 원)를 드립니다'였다.

조앤 롤링의 젊은 날은 힘겹고 고통스러웠다. 때로 정신 나간 여자 취급을 받기도 했고, 일에 관심 없는 사원으로 여겨지기도 했다. 아이 딸린 이혼녀에다 생활 보조금으로 겨우겨우 살아가야 했다. 그러나 그녀는 이 모든 것을 견뎌낼 수 있었다. 왜? 그녀에게는 그녀만의 호그와트가 있었기 때문이다.

이렇게 생각해보자. 우리에게 10억 원이 들어 있는 통장이 있다 치자. 그 사실을 아무도 모르고 나만 알고 있다 치자. 어떻게 될까? 상사의 꾸중 따위는 무시할 수도 있다. 친구가 좀 섭섭하게 해도 넘길 수 있다. 부모 형제가 잔소리를 해도 견딜 수 있다. 아마 우리는 남들이 보기에 마치 미친 사람처럼 실실 웃으며 다닐지도 모른다. 호그와트란, 어느 날 아무도 모르게 입금된 현찰 10억 원 같은 것이다.

삶이 힘들고 외로울 때, 나만의 호그와트를 꿈꾸며 마법 주문을 외워보는 것은 어떨까?

조앤 롤링이 젊은이들에게

"몽상가가 되세요. 저의 청춘 시절은 불우하고 힘겨웠지만, 꿈을 꾸듯 살았기 때문에 이겨낼 수 있었거든요. 아마 지금 이 책을 읽는 여러분도 늘 행복하지만은 않을 거예요.

밀린 등록금 대출금, 자꾸 끊기는 아르바이트, 부모님과의 갈등, 연이은 연애 실패, 미래에 대한 불안 등등. 어른들은 청춘을 인생의 황금기라고 말하지만, 청춘에게는 또 청춘의 불만족이 있는 거지요. 그 불만족의 무게만큼, 아니 그보다 더 무겁게 꿈을 가져보면 어떨까요?

이왕이면 이루어질 수 없을 것 같은 꿈을 가져보세요. 저는 가난한 작가 시절, 글을 쓰면서 늘 이렇게 생각했답니다.

'와우! 해리 포터 이야기는 정말 이 세상에서 제일 재미있는 이야기야!'

여러분도 '대기업에 입사할 거야' 같은 꿈보다는 '세상에서 제일 훌륭한 사업가가 될 거야' 같은 꿈을 꾸시길.

현실이 아무리 힘들고 어려워도 해리 포터는 내 몽상 속에서 모험을 즐기고 있었답니다. 저 역시 때로는 해리 포터가 되고 때로는 헤르미온느가 되어서 그들과 함께 마법의 빗자루를 타고 있었지요. 마법의 세계에서 보면 현실에서 고민하는 것들은 아무것도 아닌 것처럼 느껴졌거든요.

지금 괴롭고 아파도 때로는 그게 진짜가 아니라고 상상해보세요. 여러분이 마법 세계에서 온 외계적 존재라고 생각해보세요. 현실의 모든 것이 더 허구라고 가정해보세요. 무엇이든 여러분이 마음먹은 대로 이루어지고, 누구든 여러분이 바라는 대로 변신시킬 수 있다면 얼마나 재미있겠어요?

여러분의 호그와트로 가는 정류장은 어디로 가야 볼 수 있나요? 아마도 그 길은 여러분만 알고 있을 겁니다. 눈을 감고 몽상 세계의 문을 두드려보시길."

"사업의 기회는 버스와 같다.
한 대를 놓치면 또 다른 버스가 오게 마련이다."

– 러처드 브랜슨

리처드 브랜슨

Richard Branson

즐겨라, 그러면 돈도 들어온다

버진그룹 회장

—— **부자들에 대한 오해**

부자들에 대해 우리가 갖는 오해는 이런 것이다.

1. 부자들은 돈 버느라 놀 시간도 없을 거야.

　⇒ 천만의 말씀! 부자가 되어야 놀 시간도 많아진다.

2. 부자들은 돈 쓸 줄도 모르고 구두쇠처럼 모으기만 할 거야.

　⇒ 부자들이 돈을 더 잘 쓴다. 돈이란 써야 들어온다.

3. 부자들은 삶의 재미도 모르고 그저 돈이나 세고 있을 거야.

　⇒ 돈 세는 재미를 느껴보기나 했는가?

4. 부자들은 일에 쫓겨 삶의 재미도 느끼지 못할 거야.

⇒ 일하는 재미가 삶의 재미 중에 가장 크다는 사실을 아는가?

5. 부자들이란 피도 눈물도 없는 작자들이다.

⇒ 보통 사람보다 더 느끼고 더 민감하기에 돈도 버는 것이다.

6. 부자들이란 창조적인 것은 모른다.

⇒ 부자들은 돈이 돈을 벌게 만드는 창조적인 사람들이다.

7. 부자들이란 남들을 부려 먹을 줄이나 알지.

⇒ 부자들이야말로 가장 열심히 일한다.

── 모험가 리처드 브랜슨

부자들에 대한 위와 같은 오해를 한꺼번에 불식시키는 사람이 있다. 바로 영국 최대 기업 버진그룹의 회장 리처드 브랜슨(1950~)이다. 대박이다. 짱이다. 끝내준다…. 아마도 리처드 브랜슨에게 어울리는 말일 것이다.

'쇼걸에서 우주선까지'를 표방하며 미디어, 운송, 금융, 식음료, 패션, 출판 등 300개 계열사를 거느린 버진그룹은 유럽에서 가장 큰 대기업이다. 《포브스》에 따르면 2019년 기준으로 브랜슨 회장의 재산은 59억 달러(7조 2434억 원)에 달한다. 아마도 리처드 브랜슨은 다국적 기업의 수장 중에 가장 독특하고 기발하고 모험적인 사람일 것이다. 그는 그저 책상에 앉아 사업만 하는 사람이 아니다(그는 대부분의 일을 책상에 앉아서 하지도 않는다). 그를 단순히 괴짜라고 평하는 것은 그에 대해 잘 모르는 사람이

2021년 미국 라스베이거스 버진 호텔 개장식에서 퍼포먼스를 하고 있는 리처드 브랜슨

하는 이야기이다(그는 지극히 정상이다. 약간 모험을 즐기는 것뿐). 그는 넬슨 만델라와 앨 고어의 친구이며, 그들과 함께 지구의 미래를 논하는 사람이다.

리처드 브랜슨은 미국에서 아일랜드까지 가장 빨리 횡단하는 선박에 주는 '블루 리밴드' 상을 타기 위해 요트를 타고 대서양을 건너다 조난하기도 했다. 열기구를 타고 3만 피트 상공까지 올라갔다가 기류에 휩쓸려 바닷물 속에 처박히기도 했다. 왜? 버진을 홍보하기 위해서? 아니다. 그는 단지 모험을 즐길 뿐이다. 리처드 브랜슨은 모험가 집안에서 태어났다. 1912년 남극점을 정복한 로버트 스콧이 그의 육촌 할아버지이고, 영국 초창기 여성 비행기 조종사 중 한 사람이자 2차 세계대전 참전 파일럿을 길러낸 이브 브랜슨이 그의 어머니이다.

그의 피에는 아드레날린 중독 유전자가 흐르고 있다. 리처드 브랜슨은 "모험을 하지 않으면 견딜 수 없다. 사업도 마찬가지이다. 일단 사업을 시작하면 물러설 수 없다. 일단 해보자며 밀어붙인다. 비즈니스에 후진 기어란 없다"라고 말했다. 멋진 말이다.

── 재미를 아는 사람

모험을 즐기는 리처드 브랜슨이 재미없는 사람일 리가 없다. 그는 자기 자신에 대해 이렇게 말한다.

"전 세계를 돌며 사람들을 만날 때마다 다들 한결같이 나에게 멋진 삶을 살고 있다고 말한다. 그 말이 틀린 건 아니다. 나는 아주 운이 좋은 사람이다. 천국이나 다름없는 근사한 섬을 소유하고 있고, 멋진 아내와 가족, 그리고 나를 위해서라면 기꺼이 맨발로 불 위라도 걸을(그리고 나도 그들을 위해서라면 그럴 수 있는) 충실하고 재미있는 친구들도 있다.

나는 헤아릴 수 없이 많은 여행을 했고, 지금의 내 인생을 있게 해준 무수한 모험과 경험을 거쳤다. 심지어 한번은 영화배우 조지 클루니가 내 인생이라면 기꺼이 자기 것과 바꾸겠노라고 하는 바람에 내 아내가 몹시 흥분한 적도 있을 정도이다."

얼마나 유쾌한 인물인가! 그는 비즈니스를 설렁설렁 한다. 그가 사업하는 방식은 다음과 같다. 한번은 그가 매우 친하게 지내는 후배 고든 매칼럼을 스카우트하려고 했다. 고든 매칼럼은 매킨지 경영 컨설턴트 출신 금융경제 전문가이다. 리처드 브랜슨은 그와 거의 매일 통화하면서 아이디어를 교환했다. 어느 날 리처드 브랜슨은 고든 매칼럼에게 전화해서 이렇게 물었다.

"매칼럼, 자네 우리와 일하고 있는 게 맞나?"

"그럼요."

"자네가 우리 회사에 고용되어 있는 건지 묻는 거네."

"아닙니다. 저는 지금 프리랜서 컨설턴트로 일하고 있습니다."

"이런! 그럼 취업 면접을 거쳐 자네를 정식으로 고용해야겠네. 내일 우리 집에서 보세."

다음 날 아침 9시 정각에 고든 매칼럼은 리처드 브랜슨의 집에 도착했다. 리처드 브랜슨은 아직 침대에 누워 있었다. 그는 침대에서 몸을 일으키며 고든 매칼럼에게 말했다.

"자네를 채용하고 싶네."

"어떤 일인데요?"

"어떤 일을 하고 싶은데?"

고든 매칼럼은 이 질문에 웃음보를 터뜨리고 만다(브랜슨의 역발상을 보라! 이는 고수만 던질 수 있는 질문이다). 세계 경영인의 사관학교라는 매킨지에서 수년을 보낸 고든 매칼럼도 이런 식으로 진행된 면접은 처음이었다.

"저는 버진그룹의 비즈니스 전략과 브랜드 확장 전략을 세우고 싶습니다."

고든 매칼럼의 대답은 리처드 브랜슨이 원하던 바로 그것이었다.

"자네 직함은 뭐라고 할까?"

"전략기획 이사 정도면 어떤가요?"

"오케이! 지금 이 순간부터 자네는 버진의 전략기획 이사야."

연봉 문제를 매듭짓고 리처드 브랜슨은 샤워를 하러 갔다.

누군가 그 이야기를 듣고 리처드 브랜슨에게 물었다.

"당신은 비즈니스를 그런 식으로 하시나요?"

그가 대답했다.

"그런 게 비즈니스요."

───── 재미와 홍보

리처드 브랜슨이 비즈니스를 할 때 가장 중요하게 여기는 것은 두 가지이다. '재미'와 '홍보'. 인생 후반기에 이른 리처드 브랜슨은 최근 '환경'을 덧붙였다. 그는 매년 환경과 기아 대책을 위해 수십억 원을 기부하고 있다.

리처드 브랜슨은 "버진 브랜드의 목적은 인생을 최대한 즐기는 것"이라고 당당하게 말한다. 이런 의식은 청년 시절부터 싹텄다. 그는 열여섯 살 때 《스튜던트》라는 잡지를 창간했다. 돈을 벌기 위해서가 아니었다. 학교의 교육 방식을 비판하고 베트남 전쟁을 반대하는 등 세상 돌아가는 방식에 대해 젊은 목소리로 항변하기 위해서였다. 이 잡지의 발행인이 그의 인생 첫 직함이었다.

리처드 브랜슨은 "신출내기 사업가들이 대부분 그렇듯이 나는 내 아이디어를 '비즈니스'가 아니라 재미있는 일인 동시에 독창적인 사업이라고 생각하고 있었다"라고 말한다. 그가 처음으로 쓴 자서전 《내가 상상하면 현실이 된다》에 가장 많이 나오는 말이 바로 "즐겨라!"이다.

"즐겨라. 그럼 돈도 들어온다", "불행하게 살기에는 인생이 너무 짧다", "재미있게 살아라. 그러면 목적은 저절로 달성된다", "어떤 일이 더는 재미있게 느껴지지 않으면 그 일을 그만두라", "일과 재미는 조화를 이뤄야 한다. 그때 비로소 즐긴다고 말할 수 있다", "재미는 원기를 회복시켜준다", "내게 성공비결 따위는 없다. 그저 즐겼을 뿐이다."

리처드 브랜슨은 '시간을 낭비하지 말고 즐기라'고 충고한다. 사회의 지도층 인사들은 대개 젊은이들에게 이렇게 말한다. '시간 낭비하지 말고 공부해라', '시간 낭비하지 말고 일해라', '젊어서 고생은 사서도 한다'….

리처드 브랜슨의 말과 정반대이다. 누가 옳은지는 아무도 모른다. 다만, 젊은 사람들은 '입은 다물고 지갑은 여는' 연장자를 좋아한다는 사실만은 진실이다. 돈은 곧 최선의 훈계이다.

──── 젊을 때 즐겨라!

리처드 브랜슨은 "시간 낭비하지 말고 젊을 때 즐겨라"라고 말한다. 그가 말하는 '즐거움'은 일과 사랑과 가족과 놀이 모두를 포함한 인생 전반에 대한 것이다. 리처드 브랜슨은, 10대 때 만든 잡지 《스튜던트》의 홍보를 위해 뛰어다니면서 일의 즐거움을 느끼기 시작했다. 잡지 때문에 전화를 걸고 사람들을 만나는 일이, 학교에서 하는 라틴어 수업보다 훨씬 재미있었다는 것이다. 또래들은 용돈 투정이나 부릴 나이에 이미 그는 사업가 기질을 발휘하고 있었다.

그는 스물한 살에 버진 레코드라는 작은 음반 가게를 열었다. 이때도 그는 신나게 일했다. 사람들은 버진 레코드 회사에 대해 '비전문적인 전문조직'이라고 말했다. 그는 이 말을 최고의 찬사로 받아들였다. 리처드 브랜슨은 자기와 함께 일하는 사람들을 모두 최고가 되게 만들었다. 그렇게 하기 위한 가장 좋은 방법은 사람들이 재미를 느끼게 하는 것이라고 믿었다. 그에게 '재미있게 일한다'는 것은 가볍고 멍청하게 행동한다는 게 아니었다. "재미란 매사를 훤히 알고 있을 때 느끼는 감정" – 이것이 리처드 브랜슨이 정의한 재미였다.

"나는 단순히 돈을 벌기 위해 사업을 한 적은 없다. 단지 사업을 하면서 즐겁게 일하면 돈은 자연스레 굴러들어온다는 사실을 알게 됐다. 그래서 나는 종종 지금 하고 있는 일이 재미있는지, 그리고 그 일로 행복한지 자문해보곤 한다. 이 질문에 대한 답이 명예나 재산보다 훨씬 중요하기 때문이다. 뭔가가 더는 재미가 있지 않을 때는 왜 그런지 생각해본다. 그리고 계속 재미가 없으면 그 일을 그만둔다."

—— 첫 사업 성공

리처드 브랜슨이 사업가로서 성공다운 성공을 거둔 것은 스물세 살이던 1973년이었다. 음반을 우편으로 판매하면서 음반 숍도 운영하던 그는 어느 날 마이크 올드필드의 '튜블라 벨스Tubular Bells'를 듣고 매혹적인 사운드에 푹 빠지고 말았다. '와우~ 이거 정말 좋은데? 이걸 앨범으

로 내면 히트 칠 것 같아.'

이런 생각에 리처드 브랜슨은 데모 테이프를 만들어 음반 회사에 보냈다. 그러나 여섯 군데나 되는 음반 회사에서 모두 이 앨범의 제작을 거부했다.

그는 생각했다. '이렇게 흥미진진한 음악을 왜 만들지 않겠다는 걸까? 이 사람들이 음악을 모르는 걸까? 아니면 이 음악이 대중적이지 못한 걸까?' 그는 다시 한번 '튜블라 벨스' 테이프를 들어봤다. 아무리 들어도 독창적이고 매력적이었다. 자신이 잘 쓰는 표현대로 '끝내주는' 물건이었다.

리처드 브랜슨의 다음 행보는 무엇이었을까? 그는 일단 재미를 느끼는 일에 대해서는 끝까지 포기하지 않고 추진하는 성미를 지녔다. 결국 '버진 뮤직'이라는 음반 제작 회사를 직접 차리고 튜블라 벨스를 음반으로 만들어 팔았다. 결과는 대성공이었다. 영국에서만 200만 장, 전 세계적으로 1000만 장이나 되는 음반이 판매됐다. 버진 뮤직은 일약 영국의 대표 음반사로 도약했다. 이후 버진 뮤직은 섹스 피스톨즈, 휴먼 리그, 스팅, 필 콜린스 등 쟁쟁한 뮤지션과 계약을 하는 등 승승장구했다.

리처드 브랜슨은 이때부터 주체할 수 없을 만큼 많은 돈을 벌었다. 20대 때 이미 그는 카리브해의 무인도 하나를 통째로 살 만큼 부자였다. 그가 지금도 소유하고 있는 네커섬이 처음 매물로 나왔을 당시 가격은 300만 파운드 – 우리 돈으로 54억 원이었다! 1970년대라는 것을 감안하면 그가 얼마나 많은 돈을 벌었는지 짐작할 수 있다. 그는 젊은 시절의 성공에 대해 이렇게 말했다. "정신없이 바빴지만 신나서 일했다"라고.

1984년 당시, 버진 뮤직은 한 해 600만 파운드에 이르는 수익을 올리며 잘나가고 있었다. 보이 조지가 리드싱어로 있는 '컬처 클럽'의 음반을 발매하며 세계적인 음반사로 맹위를 떨치고 있었다. 어느 날 리처드 브랜슨은 이사들을 모아놓고 "항공 사업에 진출하겠다"라고 폭탄선언을 했다. 그의 측근들은 "사업이 이렇게 잘되고 있는데 왜 항공 사업을 하겠다는 것인가?"라며 의아해했다. 그에 대한 리처드 브랜슨의 대답은 다음과 같았다.

"그렇게 위험한 일은 아닙니다. 게다가 재미도 있을 겁니다."

사운을 걸어야 하는 신사업 진출의 이유가 고작 "재미있을 것 같아서"라고? 리처드 브랜슨은 어느 날, 대서양 횡단을 전문으로 하는 피플 익스프레스 항공사에 전화를 걸었다. 몇 가지 간단한 질문을 하기 위해서였다. 그러나 하루 종일 전화를 했는데도 통화 중이었다. 정말 바쁘거나 아니면 영업을 제대로 하지 못하거나 둘 중 하나였다.

이날, 리처드 브랜슨은 자신이 항공사를 한다면 훨씬 더 효율적으로 운영할 수 있을 거라고 생각했다. 일주일 동안 더 조사해봤다. 그 조사에는 보잉사에 전화를 걸어 "요즘 비행기 한 대에 얼마나 합니까? 아, 그 정도면 내가 몇 대 사겠소"라고 말한 것도 포함된다. 사전 조사를 충분히 한 끝에 그는 버진 이사회를 소집했다.

"내 계획대로 한다면 이 모든 걸 하는 데 1년에 200만 파운드로 시작할 수 있습니다."

긴 설명에도 불구하고 그들은 여전히 주춤했다. 게다가 참모들은 '재미'라는 말을 그리 달가워하지도 않았다. 그들에게 사업은 '심각한' 일이었다. 그건 사실이긴 하지만, 그렇다고 해서 비참하거나 지루할 필요는 없지 않은가?

버진 애틀랜틱이란 이름으로 항공사가 출범했을 때 1년 이상 버틸 것이라고 생각하는 사람은 아무도 없었다. 그러나 버진은 그들을 비난했던 항공사들이 모두 도산했을 때 여전히 성장을 거듭했다. 2010년 기준으로 버진 애틀랜틱은 연간 500만 명을 실어 나르며 4조 원에 이르는 매출을 올리고 있다.

─── 홍보가 중요해

리처드 브랜슨의 젊은 시절을 상징하는 또 하나의 단어는 '홍보'이다. 이 상징은 그가 나이가 든 지금도 여전히 유효하다. 그는 글로벌 기업의 경영자 중 홍보에 가장 뛰어난 재능을 발휘하는 사람이다. 리처드 브랜슨은 말한다.

"CNN에서 연락이 와서 나와 달라고 한다면 어디에서 무슨 일을 하든 당장 그만두고 달려가겠다."

철도 사업을 홍보하기 위해 반라의 여자들과 함께 산타클로스 복장을 하고 나타난다든지, 콜라를 론칭하기 위해 탱크를 몰고 나와 상대 회사 간판을 부숴버린다든지, 신제품을 알리기 위해 여장을 하고 웨딩드레스를 입는다든지 하는 등의 행위는 그가 그동안 진행했던 수많은

우주여행을 위해 개발된 화이트나이트 우주선 앞에서 기뻐하는 리처드 브랜슨(2011년)

홍보 방식 중의 하나이다.

리처드 브랜슨이 인도에서 처음 사업을 할 때는 인도 왕자처럼 차려입고 드럼을 치면서 뭄바이 빌딩 꼭대기에서 뛰어내리는 스턴트 쇼를 하기도 했다. 2007년, 버진 모바일과 MTV가 제휴를 발표했을 때 그는 국부를 휴대전화로 가린 채 나체로 뉴욕 타임스퀘어에 나타났다. 기자들이 몰려들자 그는 이렇게 말했다.

"나는 버진 모바일의 이동통신 서비스가 말 그대로 아무것도 감출게 없다는 사실을 입증하기 위해 이렇게 하고 나왔습니다."

사람들은 이런 방식의 홍보에 열광했다. 미디어는 그를 따라다녔다. 리처드 브랜슨이 하나의 브랜드가 됐다. 스스로 브랜드가 되었으며 동시에 수많은 브랜드를 만들어냈다(우연의 일치일까? 브랜슨이라는 이름은 원래 '브랜드슨Brandson' 가문에서 나왔다. 브랜드슨은 브랜딩branding과 선son이 합쳐진 말인데, 가축에 낙인을 찍는 사람을 뜻한다. 여기에서 '브랜드'라는 말이 생겨났다).

─── 유머를 잊지 말 것

리처드 브랜슨은 홍보와 광고에 유머를 집어넣곤 했다. 버진 애틀랜틱 항공의 비행기를 타면 기내 서비스 중에 예쁜 후추 통이 나오는데 비행이 끝날 무렵에는 이것들이 죄다 없어지곤 했다. 후추 통이 너무 예뻐서 손님들이 가져가버리는 것이었다. 이 사실을 보고받은 리처드 브랜슨은 후추 통을 처음 제작할 때부터 아예 밑바닥에 '버진 항공에서 슬쩍해 온 것'이라고 써넣도록 지시했다.

리처드 브랜슨의 홍보 광고 재능은 일찍부터 빛났다. 그는 고등학생 시절 《스튜던트》 잡지 창간호의 광고를 섭외할 때, 상대방의 심리를 이용한 판매 공략을 펼치곤 했다. 예를 들면, 로이즈은행의 광고 담당자에게 전화를 걸어서 "바클레이즈은행이 우리 잡지 맨 뒤 안쪽에 광고를 게재하고 있는데, 효과가 더 좋은 뒷면에 광고를 게재하지 않으시겠습니까? 원치 않으시면 넷웨스트은행에 뒷면 광고를 넘기도록 하겠습니다"라고 말하는 것이다. 영악한 전략이지만 이 방법은 주효했다. 얼마 뒤 은행 광고 담당자는 광고 게재를 요청하는 전화를 걸어왔다. 리처드 브랜슨은 《스튜던트》 잡지 창간호 광고비만으로 그 당시 런던에 집 한 채를 마련할 정도의 돈을 벌었다.

소년 리처드 브랜슨은 발로 뛰면서 신문과 잡지 기자들을 만나 《스튜던트》에 대해 홍보했다. 그 덕에 《선데이 텔레그래프》는 "전 세계 신문사의 사진작가와 저널리스트들이 열성적으로 이 잡지를 돕는 것 같다"라고 보도했고, 《데일리 텔레그래프》는 "《스튜던트》는 앞으로 영국에서 가장 많은 판매 부수를 자랑하는 잡지 대열에 오를 것이다"라고 썼다. 얼마 뒤 잡지 발행 부수는 50만 부로 껑충 뛰었다.

리처드 브랜슨은 이때 홍보의 중요성을 깨달았다. 그는 말한다. "자연도 쇼를 한다. 꽃과 새, 심지어 딱정벌레도 자신을 뽐낸다. 하물며 경쟁이 치열한 세상에서 무엇인가를 팔아야 한다면, 그것이 무엇이든 간에 반드시 사람들의 이목을 끌어야 한다"라고.

—— 능력 있는 사람이라면, 알려라

그가 첫 음반 '튜블라 벨스'를 냈을 때 제일 먼저 한 일은 TV와 라디오에서 가장 영향력 있는 진행자(MC 또는 DJ)를 찾아가서 음반을 틀어달라고 부탁한 것이었다. 방송을 타고 알려진 음악이 당시 히트했던 영화 〈엑소시스트〉의 주제가가 되면서 운 좋게도 세계적으로 성공을 거둘 수 있었다. 물론 음악 자체가 좋기도 했지만, 미디어의 힘이 없었다면 그만한 반향은 없었을 것이다. 콘텐츠는 기본이고, 중요한 것은 그것을 알리는 일이다.

'착한 일을 하면 누군가 알아주겠지.'

'나만 잘하면 언젠가는 빛을 보겠지.'

'내실을 기하고 있으면 세상이 알아보겠지.'

이렇게 소극적으로 대응하고 있는 세상의 모든 사람에게 리처드 브랜슨은 이렇게 말한다.

"아무리 멋진 제품을 생산하더라도 그것들을 단지 침실 구석에 쌓아놓고만 있으면 아무짝에도 쓸모가 없다."

리처드 브랜슨이 젊은이들에게

"비즈니스에는 후진이 없다고 내가 한 말 기억하나? 우리 인생에도 후진이란 건 없다네. 시간을 보게. 단 일 초의 시간이라도 뒤로 돌릴 수 있는가? 시간은 쉼 없이, 끝없이 앞으로만 흘러가지. 우리의 인생도 줄기차게 전진만 한다고. 명상도, 선도, 휴식도 우리를 과거로 돌아가게 할 수 없어. 그러므로 우리는 일어나서 앞을 보고 뛰어야만 살 수 있는 존재라네.

인생이든 사업이든 즐겨야 한다는 것. 잘 알지? 뛰는 놈 위에 나는 놈이 있고, 나는 놈 위에는 즐기는 놈이 있다고. 즐기는 사람은 못 당해. 의무로 하는 사람과 즐거워서 하는 사람 중 누가 이기겠나? 누가 더 창조적이겠어? 당연히 즐기는 사람이지. 회사의 일이든, 조직의 임무든, 개인의 업적이든 다 즐겨야 이룰 수 있는 거지.

'미친다'는 상태는 말하자면 몰입인데, 이건 즐길 때만 가질 수 있는 감정 상태야. 지금 하는 일이 재미없다면 시간 낭비하지 말고 그만두게나. 먼저 자네가 뭘 할 때 제일 즐거워하는지, 재미를 느끼는지 아는 게 중요해. 지금 당장 그게 돈이 되지 않더라도 '우직하게' 즐겨야 해. 다른 사람의 충고 따위는 듣지 말라고.

또 하나, 후회하거나 머뭇거리지 말게. 시속 150킬로미터로 달리는 버스를 멈추는 방법은 단 하나, 브레이크를 밟는 거지. 그전까지는 무조건 달리는 거야. 우리는 우리 인생의 브레이크를 밟을 수도 없어. 그러니까 걱정 따위는 하지 말고 신나게 달려보게나."

"당신이 할 수 있는 인생 최대의 모험은
당신의 꿈처럼 사는 것이다."

– 오프라 윈프리

오프라 윈프리

Oprah Winfrey

시스템보다 사람이 먼저

미국의 방송인

─── 여성 억만장자들

'아프리카계 미국인 여성 최고 부자, 세계에서 가장 영향력 있는 여성, 흑인 여성 최초 빌리어네어(Billionaire, 10억 달러 이상 재산을 가진 사람), 세계에서 가장 존경받는 여성, 21세기 문화 아이콘…'

오프라 윈프리에게 붙는 수식어는 한두 가지가 아니다. 지구상에는 오프라 윈프리 말고도 여성 억만장자가 많다. 《포브스》가 공식 집계한 2017년 여성 억만장자(10억 달러 이상 자산가)는 모두 277명이다. 그런데 돈

유명 방송인 데이비드 레터맨과 오프라 윈프리의 역사적인 인터뷰(2012년)

이 행복을 보장해주는 것은 아닌가 보다.

독일의 억만장자 주자네 클라텐(BMW 상속녀)은 섹스 스캔들로 세상을 떠들썩하게 했다. 2017년 94세 나이로 세상을 떠난 프랑스의 화장품 회사 로레알의 상속녀 릴리안 베탕쿠르는 생전에 스물네 살 연하인 사진작가 바니에에게 막대한 자금을 선물로 줬다. 그녀의 딸은 "엄마가 애인에게 재산을 낭비한다"라며 자신의 상속 재산을 지키기 위해 릴리안에 대한 금치산 선고를 법원에 요청했다. 릴리안은 "애인에게 준 돈은 내 재산의 극히 일부일 뿐"이라면서 딸과 절교를 선언했다(릴리안이 바니에에게 넘겨준 재산은 1조 8000억 원이다. 그녀의 재산이 25조 원에 이르는 걸 생각하면 물론 아주 조금이다).

패리스 힐턴(힐튼 호텔의 상속녀)은 음주운전으로 체포되어 23일 동안 감옥살이를 했다. 영국 최고의 상속녀 카밀라 알 파에드는 백화점 하나를 통째로 전세 내서 아예 문을 닫아버리고 혼자 돌아다니며 쇼핑을 하곤 한다. 도널드 트럼프의 딸 이방카 트럼프는 플로리다 팜비치에 방 110개짜리 집을 갖고 있다. 물론 세계 각지에 별장이 있기 때문에 팜비치에 들러 지내는 시간은 1년에 며칠 안 된다. 러시아 출신 미국 재벌 상속녀 안나 아니시모바는 같은 옷은 절대 두 번 입지 않으며, 한 해 옷 쇼핑에만 약 100만 달러를 쓰는 것으로 알려져 있다.

자기 돈 자기가 쓴다는데 비난할 생각은 눈곱만큼도 없다. 나도 재산이 1조 원쯤 되면 세계 각지에 별장을 짓고, 한 해 옷 사는 데 10억 원쯤 쓸지 모른다(그럼 내 재산이 9990억 원으로 줄어드는 셈이다!).

───── 부와 존경

돈이 많으면 좋은 건 사실이다. 다만, 돈이 많다고 해서 반드시 존경받는 사람이 되는 것은 아니다. 《포브스》에 따르면 오프라 윈프리의 재산은 4조 원에 달한다. 당연히, 그녀가 주목받는 이유는 그녀의 재산 때문이 아니다. 저널리스트 커렌 블랭크펠트는 이렇게 말했다.

"윈프리는 미국 문화의 아이콘과 같은 존재이다. 그녀의 이름이 붙기만 하면 뭐든 돈이 된다. 메릴랜드대학교 경제학자들의 연구에 따르면 윈프리가 2008년 민주당 대선 후보 예비 투표에서 버락 오바마 대통령에게 100만 표 정도를 몰아주었다고 한다. 단지 그녀가 '나는 오바마를 지지해요'라는 말 한마디를 한 것만으로.”

그녀가 존경받는 이유 중 하나는 박애주의 정신에 입각한 사업에 매년 수백만 달러를 쏟아붓기 때문이다. 오프라 윈프리 재단은 이미 12개국에 학교를 55개 세웠다. 2020년에 오프라 윈프리는 코로나19 극복을 위해 123억 원을 쾌척했다. 그녀는 세계에서 기부를 많이 하는 부자 중 둘째가라면 서러워할 정도로 통이 크고 관대한 여성이다.

존경도 받고 부자이면서 영향력 있는 여자, 가난하고 핍박받는 사람들을 위해 아낌없이 자기의 재산을 나누는 여자, 완벽주의자이면서 유머가 넘치고 배려할 줄 아는 여자. 세계의 젊은 여성들은 이렇게 말한다. “나도 오프라 윈프리처럼 되고 싶다”라고.

한 기자가 오프라 윈프리에게 물었다. “당신은 성공했다고 생각하십니까?” 오프라 윈프리는 바로 대답했다. “그럼, 아니라고 생각하세요?” 오프라 윈프리에게서 “아직 저는 부족한 게 많아요” 정도의 겸손한 대답을 원했을 기자는 머쓱해졌다. 이렇게 당당한 그녀가 바로 오프라 윈프리이다.

──── 가출 청소년 오프라 윈프리

오프라 윈프리는 1954년 미시시피의 빈민가에서 태어났다. 그녀의 어머니 버니타는 아버지 버논 윈프리와 단 한 번 풋사랑을 나누고 덜컥 임신을 해버렸다. 오프라 윈프리는 할머니가 맡아 길렀다. 그녀는 할머니를 ‘엄마’라고 부르며 자랐다. 빈민가 어린이들이 최저생계비도 되지 않는 일당을 받고 목화밭에서 노예 같은 나날을 보내던 시절이었다. 오프라 윈프리도 할머니의 농사일을 도우며 커갔다.

오프라 윈프리는 어린 시절에 이미 셜리 템플(1932년 아역으로 데뷔해서 1950년까지 뮤지컬, 코미디, 영화 등 50여 편에 출연한 여배우)처럼 유명한 스타가 될 거라고 다짐했다. 열네 살에 내슈빌로 가서 아버지, 새엄마 젤마와 함께 살게 되는데 며칠 못 가 부모의 돈을 훔쳐 가출했다. 또래 친구들과 혼숙하며 약물을 복용하기도 하고 강간을 당해 조숙아를 낳기도 했다(아들을 낳았는데 태어난 지 얼마 되지 않아 죽고 만다). 오프라 윈프리는 경찰에 붙잡혀 보호소로 이송되었다. 오프라 윈프리의 인생에서 최악의 나날이었다.

가출 청소년 보호 감호소에 갇혀 있다 풀려난 날, 아버지 버논 윈프리는 그녀를 데리고 나오면서 이렇게 말했다.

"세상에는 혁명적인 일을 만들어내는 사람이 있고, 무슨 일이 일어나든 그저 무심하게 바라보는 사람이 있고, 무슨 일이 일어나는지 전혀 모른 채 살아가는 사람이 있다. 오프라, 너는 어떤 삶을 살길 원하니?"

오프라 윈프리는 이때 '번개에 한 대 맞은 것 같은 충격'을 받고 방탕한 생활에 종지부를 찍는다. 그리고 청년 시절의 문을 열었다.

——— 미인 대회 출전

오프라 윈프리가 뚱뚱한 체구에 외모 콤플렉스를 가졌고, 이걸 슬기롭게 극복했다고 말하는 사람이 있다. 그런데 오프라 윈프리가 열일곱 살 때 내슈빌 지역에서 열린 '화재예방 미인 선발 대회'에 나갔다는 사실!(우리로 치면 '청양 고추 아가씨 선발 대회'라고나 할까?)

이때의 사진을 보면 결선에 진출한 백인 여성 일곱 명과 유일한 흑인 여성 오프라 윈프리가 활짝 웃고 있다. 오프라 윈프리는 당당히 최고의 미인으로 뽑혔다. 심사위원들이 그녀를 1등으로 뽑은 이유는 '말을 잘해서'였다. 그녀는 "학교를 졸업하고 사회에 나가면 뭘 하겠느냐?"라는 질문에 "방송기자가 되고 싶다. 세상에 진실을 알리는 일에 관심이 많다. 나는 진실을 믿는다"라고 대답했다.

고등학교 때부터 내슈빌 지역 라디오 방송에서 일했던 오프라 윈프리는 테네시주립대학교에서 드라마를 전공했다. 신문과 방송에 대해 공부하고 싶었지만, 테네시주립대학교에는 매스컴 관련 학과가 없었다. 오프라 윈프리가 드라마학과에서 배운 화법과 연기는 그녀가 훗날 방송 프로그램을 진행하는 데 큰 도움을 줬다.

오프라 윈프리는 1973년 내슈빌 방송 리포터로 텔레비전 방송에 첫발을 내디뎠다. 1976년, 그녀는 미국 10대 방송국 중 하나인 볼티모어 WJZ 텔레비전의 주말 뉴스 진행자로 스카우트되었다. 대학 졸업반이었던 그녀는 '졸업이냐, 방송이냐'를 놓고 고민하다 방송을 택했다. 그래서 그녀의 최종학력은 대학 중퇴였다. 오프라 윈프리가 유명해지고 난 뒤인 1987년, 테네시주립대학교는 그녀에게 졸업식 연설을 부탁했다. 오프라 윈프리는 "정식 학사 학위를 줄 수 있느냐?"라고 제의했고, 대학 측은 기꺼이 그녀에게 졸업장과 학위를 수여했다.

볼티모어 방송국에서 그녀를 눈여겨보던 보도국장 크리스 클라크는 곧 그녀를 저녁 뉴스의 여성 앵커로 선발했다. 노련한 뉴스 진행자

자유 훈장을 받기 위해 오바마 대통령과 나란히 서 있는 오프라 윈프리(2013년)

인 제리 터너와 함께였다. 그러나 오프라 윈프리는 곧 공동 앵커 자리에서 쫓겨났다. 제리 터너가 전문 앵커답게 능숙하게 뉴스를 전달한 반면, 오프라 윈프리는 전혀 앵커답지 않았기 때문이다.

　뉴스는 객관적이고 냉정하게 전달해야 한다. 그러나 오프라 윈프리는 방송 도중 상황에 따라 자신의 감정을 있는 그대로 드러냈다. 우스울 때는 웃음을 참지 못했다(우리나라에서 앵커들이 웃음을 참지 못하면 방송 사고가 된다. 세상에서 제일 힘든 것이 웃음 참기이다. 전직 연기자인 필자는 그걸 잘 안다). 오프라 윈프리는 슬픈 소식을 전할 때는 감정을 주체하지 못해 눈물을 흘리기도 했다.

　"오프라, 뭐 하는 거야! 뉴스를 전하면서 울면 어떻게 해!"

방송국 간부들은 어이가 없었다.

── 좌절의 나날들

그녀는 결국 현장 리포터로 밀려났다. 한번은 화재 현장에 취재를 나갔다. 화재로 자식을 잃은 사람들은 슬픔에 잠겨 처참한 모습을 하고 있었다. 오프라 윈프리는 그들에게 화재 경위나 재산 피해 정도를 묻는 것은 너무 잔인하다고 생각했다. 그녀는 대본을 무시하고 피해자 부모에게 이렇게 말했다.

"지금 당신 심정이 어떤지 잘 압니다. 저도 이렇게 슬프고 고통스러운데…. 아무 말씀 하지 않으셔도 돼요."

오프라 윈프리는 그들을 껴안고 위로했다. 그들과 함께 눈물을 흘렸다. 그녀가 방송국으로 돌아오자 보도 본부장이 호통을 쳤다.

"너, 뭐 하는 거야? 아무 말도 안 해도 된다고? 취재원한테 아무 말 하지 않아도 된다고 하는 기자가 세상에 어디 있냐!"

오프라 윈프리는 상사의 질타에도 자신이 잘못했다고 생각하지 않았다. 그녀는 이렇게 대답했다.

"그분들은 하루아침에 자식을 잃었어요. 그런 상황에서 어떤 말을 할 수 있겠어요? 지켜보는 저도 마음이 찢어질 것 같았는데…."

오프라 윈프리는 '실력 없는 방송인'으로 낙인찍혔다. 20대의 그녀는 성공과 나락을 오가며 혼란스러운 나날을 보냈다. 다시 마약에 손을 댔다. 4년 동안 사귀던 남자에게 버림받고 사흘 동안 침대 속에서 꼼짝을 않다가 끝내 자살을 시도하기도 했다.

"20대에 저는 마약을 가르쳐준 한 남자와 교제했습니다. 저는 마약 그 자체라기보다, 그 남자에게 중독되어 있었습니다. 그를 위해 저는 안 해본 일이 없었습니다…. 저는 그 없이는 스스로가 아무것도 아니라는 생각을 했었죠. 그가 저를 거부하면 할수록 저는 그에게 더욱더 매달렸어요. 그 시절 저는 완전히 고갈된 상태의 무기력함에 빠져 있었습니다…."

아마도, 오프라 윈프리는 그 남자가 마약을 했기 때문에 따라 했을지도 모른다. 그녀는 '사랑하는 사람을 위해 무엇이든 한다'는 심정으로 그가 죽으라면 죽는시늉까지도 했을 것이다. 아니, 그의 행복을 위해 죽어야 한다면 죽었을지도 모른다. 사랑한다면, 사랑해본 사람이라면, 이런 심정을 이해하리라. 목숨도 내놓을 판에 하물며 마약이랴. 사랑한다면 오프라 윈프리처럼 해야 하리라.

—— **솔직한 고백**

오프라 윈프리는 젊은 시절의 마약 중독 사실과 자살 시도에 대해 자신의 토크쇼에서 솔직히 고백했다. 왜 그랬을까?

"일요일에는 교회에 갔고 수요일에는 기도 모임에 참석했습니다. 그리고 마약에도 빠져 있었고… 저의 20대는 모순 그 자체였습니다. 그러나 저는 결국에는 마약 중독을 이겨냈습니다. 제가 스스로 마약 중독자였던 사실을 털어놓으면서 얻었던 가장 큰 교훈은, 우리가 두려워하는 것이 실상은 아무것도 아니라는 것입니다. 우리는 그것(폭로, 배신, 자신의 잘못이 들통나는 것 등 - 필자가 제멋대로 해석함)이 가진 힘을 두려워하지만, 그것은 사실 아무 힘이 없습니다. 그날 제가 배운 것은 진실이 우리를 자유롭게 해준다는 사실이었습니다."

볼티모어 방송국은 2년 계약이 되어 있는 오프라 윈프리에 대해 '해고의 마지막 수순'으로 아침 토크쇼를 맡겼다. 이 토크쇼는 진행자의 자율성이 100퍼센트 보장된 프로였다. 〈사람들은 말한다People Are Talking〉라는 이 프로의 첫 방송은 1978년 4월 14일에 전파를 탔다. 첫 방송을 마치고 나서 오프라 윈프리는 이렇게 생각했다.

'바로 이거야! 내가 잘할 수 있는 것은.'

오프라 윈프리의 토크쇼는 곧바로 사람들의 주목을 받았다. 한마디로 대박이었다. 오프라 윈프리는 토크쇼 사회자로서 천부적인 자질을 지닌 여성이었다. 이후 7년 만에 그녀는 자신의 이름을 딴 토크쇼 〈오프라 윈프리 쇼〉를 방송하게 된다.

〈오프라 윈프리 쇼〉를 단 한 번도 놓치지 않고 시청하고 오프라 윈프리에 대해 책을 쓴 에바 일루즈는 이렇게 말한다.

"언젠가 오프라 윈프리는 자신의 과거에 대해 자세히 말했다. 어린 시절에 성폭행을 당한 일, 체중을 줄이기 위해 필사적으로 노력했던 이야기도 솔직하게 털어놓았다. 이런 솔직함으로 그녀는 미국인에게 사랑받으며, 미국에서 가장 인기 있는 강연자 중 한 사람이 되었다. 오프라 윈프리는 지금은 누구 못지않게 성공한 몸이지만 그 과정이 순탄하지 않았다고 솔직히 인정했다.

그녀의 성공은, 간단히 말해서 대중 앞에서 잔혹할 정도로 솔직하게 말하고 자신과 다른 사람들의 삶을 끊임없이 팔아서 얻은 성공이다."

—— 사람이 우선이다

오프라 윈프리가 성공할 수 있었던 이유는 많은 사람이 이미 밝힌 바 있다. 필자는 그녀의 젊은 시절에 주목해봤다. 그녀는 지금도 그렇지만, 20대부터 솔직한 여자였다. 그랬기에 그녀의 표현대로 '슬픈데도 슬프지 않은 척하는 앵커 연기'는 할 수 없었다. 슬프면 울어야 했고, 웃기면 웃어야 했다. 그런 진솔함, 인간적인 진실함, 순수함이 그녀의 청년 시절을 대표하는 단어이다.

그럼, 솔직하기만 하면 되는 것인가? 그렇지 않다. 오프라 윈프리는 솔직하면서 동시에 상대를 배려하는 따뜻한 마음을 지니고 있었다. 그렇기에 방송보다 취재원이 먼저였고, 방송국 국장보다 시청자가 우선이었다. 오프라 윈프리의 삶에는 시스템보다 사람이 늘 앞에 있었다.

만약 그녀가 '나는 어떤 일이 있어도 앵커우먼으로 성공할 거야'라는 마음을 '솔직함과 배려' 앞에 두었다면 어떻게 되었을까? 세상의 모든 앵커맨과 앵커우먼이 그렇듯이 객관적으로 뉴스를 전달했을 것이다. 물론, 방송 뉴스를 전할 때는 그렇게 해야 한다. 슬퍼도 슬퍼하지 않고, 기뻐도 기뻐하지 않아야 한다. 왜냐고? 같은 뉴스를 들어도 슬퍼할 사람이 있고, 기뻐할 사람이 있기 때문이다.

예를 들어 노무현 대통령의 서거 소식을 전한다 치자. 이 뉴스를 들고 애통해할 사람도 있지만 분명 시큰둥해할 사람도 있고 심지어 '잘됐다'고 생각하는 사람도 있을 것이다(실제로 그랬다!). 우리는 노무현 대통령의 서거 소식을 접하고 각자 마음속으로 슬퍼할 수 있고 기뻐할 수도 있다. 생각은 자유니까.

뉴스를 전하는 사람은 한 사람이지만, 뉴스를 듣는 사람은 매우 많아서 위와 같은 일이 생긴다. 오프라 윈프리는 처음부터 '객관적이고 냉정한' 앵커우먼에는 맞지 않았다. 그래서 슬프면 울고, 웃기면 웃었다. 그녀는 자기 자신에게 솔직한 삶을 살았다. 그 솔직함이 그녀를 세계 최고의 토크쇼 진행자가 되게 했다.

── 배려하기

오프라 윈프리는 동시에 자신을 둘러싼 많은 사람을 배려할 줄 알았다. 볼티모어 방송국의 애송이 진행자 시절이던 1976년 어느 겨울, 눈보라가 몰아치는 날이었다. 방송국 조연출인 게일 킹의 집은 방송국에서 56킬로미터나 떨어져 있었다. 주차장에는 눈이 쌓여 차들이 오도 가도 못했다. 오프라 윈프리는 그녀에게 "우리 집에서 자고 가라"라고 말했다. 게일 킹과 오프라 윈프리는 오프라 윈프리의 집에서 새벽까지 이야기를 나눴고 이후 두 사람은 베스트 프렌드가 됐다.

1985년, 오프라 윈프리는 자신의 이름을 건 쇼를 시작하자마자 시카고 저소득층 주택단지에 사는 소녀 24명을 돕기 시작했다. 그녀의 도움 방법은 단지 돈을 주거나 장학재단을 만드는 것이 아니었다. 바쁜

마틴 루서 킹 기념관 행사에서 연설하는 오프라 윈프리(2006년)

가운데 시간을 내서 소녀들과 함께 영화를 보고, 쇼핑도 하고, 도서관에도 갔다. 그녀는 다른 부자들과는 달랐다. 돈이 아닌, 시간과 정을 기부한 것이다.

1987년, 서른세 살의 그녀는 〈오프라 윈프리 쇼〉의 인기 덕분에 에미상을 수상했다. 에미상 수상식에서 가장 중점을 두어 말했던 것은 바로 그녀의 라이벌이자 20년 넘게 토크쇼를 진행해온 필 도나휴에 대한 것이었다.

"도나휴가 없었더라면 저의 토크쇼도 없었을 겁니다. 그 덕분에 저는 길을 새로 내는 어려움 없이 좋은 방송을 하기만 하면 되었습니다. 이를테면 그는 왕이고, 저는 그의 왕국의 작은 땅덩어리를 원할 뿐입니다. 20년 전 필 도나휴가 자신의 토크쇼를 시작했을 때만 해도 방송국의 윗사람들은 여성들이 그저 마스카라에나 관심이 있다고 생각했지만, 필은 여성들의 관심이 가능한 한 가장 나은 삶을 사는 것이라는 점을 보여줬습니다. 저는 필 도나휴를 좋아합니다."

이건 단지 상대에 대한 외교성 발언이 아니다. 이후에도 오프라 윈프리는 수많은 상을 타게 되는데 그때마다 그녀는 필 도나휴에 대해 진심 어린 감사의 말을 잊지 않는다. 그것도 아주 길게.

위의 예는 오프라 윈프리가 방청객과 시청자, 그리고 전 세계 사람들을 위해 베푼 배려 중 아주 작은 것에 불과하다.

—— 오프라 윈프리처럼, 오프라 윈프리처럼

젊은 여성들에게 묻고 싶다.

오프라 윈프리처럼 솔직할 수 있는지. "왜 이 방에서 담배 냄새가 나지?"라고 묻는 당신의 부모님 앞에서 "저, 끊었다고 말씀드렸지만 사실은 한 대 피웠어요. 죄송해요"라고 말할 수 있는지.

오프라 윈프리처럼 다른 사람을 배려할 수 있는지. "친구들이랑 약속이 생겨서 전화 못 받았어"라고 말하는, 열두 번이나 내 문자와 전화를 씹은 남자 친구에게 "괜찮아. 그럴 수도 있지, 뭐"라고 대답할 수 있는지.

오프라 윈프리처럼 사람을 조직 앞에 놓을 수 있는지. "지금 우리가 하청업체 사정 생각하게 됐어? 단가 깎으라면 깎아!"라고 말하는 구매

담당 팀장 앞에서 "그 업체도 딸린 식구가 스무 명입니다. 사장 만나 이야기해봤는데 도저히 그 가격 이하로는 못 내리겠던데요?"라고 말할 수 있는지.

오프라 윈프리처럼 윗사람의 눈치를 보지 않을 수 있는지. "오늘 저녁 사장님 참석 회식이야"라고 말하는 상사에게 "죄송합니다만 선약이 있어서 저는 참석할 수 없습니다"라고 말할 수 있는지.

독립적이고 당당한 여성. 그렇기에 오프라 윈프리는 더 멋진 인생을 살지 않았을까?

오프라 윈프리가 젊은이들에게

"내 성공의 비결이요? 그건 바로 공감이지요. 다른 사람의 고통을 느끼는 마음, 다른 사람의 아픔을 내 것으로 여기는 감정. 그걸 공감이라고 합니다.

어느 해인가, 나는 자동차가 없어서 고통받는 사람들의 이야기를 들은 적이 있어요. 멋진 새 자동차가 아니라, 그저 중고라도 한 대 있었으면 하는 사람들의 이야기이지요. 미국에서 자동차가 없다는 것은 다리가 없다는 것과 마찬가지입니다.

내가 돈을 많이 벌면, 이런 사람들에게 차를 선사하리라…이런 마음을 갖고 있었습니다. 내 이름을 건 토크 쇼가 방송되고 있을 때, 저는 자동차가 없는 사람들을 초청해서 방청객 전원에게 자동차를 한 대씩 선물한 적이 있습니다. 그들의 기뻐하는 모습을 보고 저는 말로 표현할 수 없는 감동을 느꼈습니다.

학교에 다니는 것이 소원이라는 아이들에게 학교를 지어주고, 자기 집을 갖는 것이 소원인 사람에게 집을 지어주고, 헤어진 사람을 만나는 것이 소원인 사람에게는 만남을 선사하는 것. 이것이 저의 행복입니다. 공감이 행복을 이끌어냈을 뿐만 아니라, 공감 그 자체가 제게는 행복이자 성공인 것입니다.

여러분은 아직 순수하기 때문에 타인의 아픔과 고난에 기성세대보다 더 많이 공감하고 동시에 동감할 것입니다. 그 순수함을 잃지 마시길 바랍니다. 나이가 들고 시간이 지나면서 공감과 동감이 점점 퇴색해 가는데, 사람에 대한 관심과 배려 역시 그에 비례해서 줄어들게 됩니다. 다른 사람과 공감하는 능력이 없는 사람이 성공했다는 말을 저는 들어본 적이 없습니다. 설사 그가 돈을 많이 벌고 유명하다 해도 진짜 행복할까요?

항상 사람이 먼저라고 생각하세요. 그러면 성공은 저절로 이루어집니다."

존 록펠러는 장부 정리하는 일을 할 때 새벽 6시 30분에 출근해 일을 시작했다. 이때부터 그는 매일 일기 대신 '회계장부'라는 것을 썼다. 내게 들어온 돈이 얼마이고 나간 돈이 얼마이며 남은 돈은 얼마인가를 1센트까지 틀리지 않게 세심하게 기록해나갔다. 그의 회계장부 기록은 억만장자가 된 뒤에도 계속되었고 98세로 죽기 전까지 멈추지 않았다. — 존 록펠러 중에서

2

전설이 된 부자들

존 록펠러 *John Rockefeller*

앤드루 카네기 *Andrew Carnegie*

마쓰시타 고노스케 松下幸之助

"스스로 못 할 것이라고 생각하는 것은
자신을 속이는 가장 큰 거짓말임을 명심하라."

– 존 록펠러

존 록펠러

John Rockefeller

자신의 가치를 알라

미국의 석유 사업가

—— **시한부 인생에서 깨달은 것**

존 록펠러(1839~1937)는 55세 때 기관지, 신경계, 소화기에 이상이 있었다. 피부병이 난 데다 밤마다 불면증에 시달렸다. 머리카락과 눈썹은 뭉텅뭉텅 빠졌다. 등은 굽었고 식사도 제대로 할 수 없었다. 종합 검사를 마친 의료진은 그에게 이렇게 선고했다.

"존 데이비슨 록펠러 씨! 당신에게 남은 시간은⋯1년입니다."

억만장자 존 록펠러는 시한부 인생이 되고 말았다. 언론에서는 벌써부터 '록펠러 사후'를 논하기 시작했다. 수억 달러에 이르는 재산, 세계 최대의 석유회사, 대저택과 농장, 명예와 권력….

모든 것이 부질없이 느껴졌다. 사랑하는 아내와 아이들은 어찌할 것인가? 존 록펠러는 휠체어를 타고 병원 복도를 가로질러 가고 있었다. 갑자기, 병원 복도에 적힌 문구가 그의 눈에 들어왔다.

"주는 자가 받는 자보다 복이 있도다."

순간 그는 강한 충격을 받았다. 캄캄했던 세상이 밝아오는 듯했고 적막 같은 인생에 다시 소리가 들리는 듯했다. 분명 그 소리는 조금 시끄러운 소음이었다. 존 록펠러는 소리 나는 곳으로 가보았다.

"병원비가 없으면 입원시킬 수 없어요!" 병원 직원이 말했다.

"선생님! 무슨 수를 써서라도 돈을 마련할 테니 우선 입원부터 시켜주세요."

애원하는 보호자의 목소리가 들렸다. 그 옆에서 환자로 보이는 어린아이가 앉아 울고 있었다.

훗날 존 록펠러는 이렇게 회고했다.

"그 아이를 본 순간 갑자기 내 가슴속에서 말로 표현할 수 없는 뜨거운 기운이 솟아올랐습니다. 이내 눈물이 흘러나와 앞을 제대로 볼 수 없었습니다. 그냥 나 자신을 잊고 있었습니다."

그는 즉시 비서를 불러 그 여자아이의 입원비를 대신 지불하도록 했고 자신의 이름을 절대 밝히지 말라고 엄중히 지시했다. 얼마 뒤 건강하게 회복된 여자아이의 모습을 보게 됐다. 존 록펠러는 그때가 일생에서 가장 행복한 순간이었다고 말했다.

이때부터 그는 나누는 삶을 살기 시작했다. 곧 그도 기적처럼 병마를

석유회사를 설립하여 세계 최고의 부자가 된 존 록펠러(1909년)

털어내고 병원 문을 나섰다. 98세까지 산 존 록펠러는 이렇게 말했다.

"삶이 이렇게 행복한 것인 줄 몰랐다. 병원에서 그 아이를 만난 뒤, 내 인생의 나머지 43년은 정말 행복한 시간이었다."

── 자본주의 최고의 부자

존 록펠러는 자본주의가 탄생한 이래 최고의 부자라고 평가받고 있다. 그는 최초의 억만장자였으며, 한때 그의 재산은 10억 달러에 달했다. 이를 현 시세로 환산하면 빌 게이츠가 가진 재산의 세 배에 이르는 것으로 추정된다.

존 록펠러는 20세기 최고의 자선 사업가이기도 했다. 그는 미국 최초의 의학 연구소인 록펠러 의학 연구소와 록펠러 재단을 세웠다. 또 노벨상 수상자 70여 명을 배출한 시카고대학교 등 24개 대학과 무려 4928개 교회를 지어 사회에 바쳤다. 시카고대학교 학생들은, 그를 위해 응원 구호를 만들기도 했다.

"펠러가 누구냐? 펠러가 누구냐? 라라라 록펠러, 그가 바로 펠러지! 펠러 펠러(이름의 펠러feller와 사나이, 사람을 뜻하는 펠러fella가 운이 맞는 것을 이용한 말장난) 시스붐바!"

존 록펠러는 스탠더드오일이라는 석유회사를 세워 한때 미국 석유 생산의 90퍼센트를 장악하면서 막대한 부를 거머쥐었다. 그는 경쟁자를 짓밟는 독점 자본가와 기부천사라는 두 얼굴을 갖고 있다.

버트런드 러셀은 "오늘날의 세계를 이룩하는 데 결정적인 역할을 한 인물이 둘 있다. 존 록펠러와 비스마르크이다. 한 명은 경제에서, 또 한 명은 정치에서 자유주의자의 꿈을 독점과 조합국가로 대체했다"라고 평했다(좋다는 건지, 나쁘다는 건지?).

윈스턴 처칠은 "르네상스 시대 예술이 교황과 군주들의 후원에 힘입었던 만큼이나, 오늘날 과학은 관대하고 통찰력 있는 부자들에게 빚지고 있다. 이러한 부자들 가운데 록펠러는 가장 훌륭한 전형이다"라고 말했다(확실히 좋다는 뜻임).

고인이 되면, 그가 남긴 악덕보다는 미덕이 더 호소력을 가지는 법.

존 록펠러는 오늘날 노블레스 오블리주의 모범으로 남아 있다. 이제 그 위인의 젊은 날로 거슬러 가보자.

—— 무서운 10대

존 록펠러는 열여섯 살에 클리블랜드의 휴잇 앤 터틀사라는 위탁 판매 회사에 서기로 취직하면서 사회생활을 시작했다(19세기의 열여섯은 지금의 이십 대 중반 정도라고 보면 된다. 150년 전, 16세 남자들은 장가도 들도 아이도 낳고 가장 노릇도 했다).

휴잇 앤 터틀사는 온갖 물품을 받아서 판매해주는 종합상사였다. 존 록펠러는 이곳에서 장부를 정리하는 일을 맡아 했다. 아침 6시 반부터 밤까지 근무했지만 그는 일을 즐겼다. 일은 그를 매혹했고 해방시켰으며, 새로운 자아를 선사했다. 그는 스스로를 '숫자의 사나이'라고 칭했고, 산더미처럼 쌓인 장부를 다루면서도 결코 싫증 내지 않았다.

존 록펠러는 장부 정리하는 일을 할 때 새벽 6시 30분에 출근해 일을 시작했다. 이때부터 그는 매일 일기 대신 '회계장부'라는 것을 썼다. 내게 들어온 돈이 얼마이고 나간 돈이 얼마이며 남은 돈은 얼마인가를 1센트까지 틀리지 않게 세심하게 기록해나갔다. 그의 회계장부 기록은 억만장자가 된 뒤에도 계속되었고 98세로 죽기 전까지 멈추지 않았다.

존 록펠러는 자신이 사장이라도 된 듯 열심히 일했다. 곧 그는 결제 업무도 맡게 됐다. 회사에서 거래처에 주는 돈을 취급하게 된 것이다. 그는 항목별로 타당성을 점검하고 총액을 일일이 계산해보는 등 청구

롱 퍼트를 성공시킨 친구에게 10센트를 건네고 있는 존 록펠러(1930년)

서를 세심하게 검토했다.

　얼마 지나지 않아 존 록펠러는 휴잇 앤 터틀사의 가장 중요한 직원이 됐다. 그는 처음 석 달을 일하고 50달러를 급여로 받았다. 그가 일을 잘 처리하자 사장은 급여를 올려줬다. 2년 뒤, 열여덟인 존 록펠러는 회사에서 사장 다음으로 중요한 사원이 됐다. 선임 장부계원이 되어 전직 부사장이 맡았던 모든 일을 떠맡았다. 이때 그의 연봉은 500달러였다. 그의 나이에 비해서는 어마어마한 액수였다. 그러나 존 록펠러는 조숙했다. '일하는 것에 비해 임금이 적다'고 느끼게 되었다. 자신의 몸값, 즉 가치를 깨달은 순간이었다.

다음 해, 사장 휴잇은 그의 연봉을 600달러로 인상했다. 이때 존 록펠러는 클리블랜드 상권에서 이미 인정받고 있었으며, 자신의 이름으로 식료품을 거래하고 있었다. 존 록펠러는 자신의 가치를 연봉 800달러로 여기고 있었다. 열아홉 살 존 록펠러는 사장에게 이 수치를 제시했다. 휴잇은 몇 주 동안 고심하다가 "700달러 이상은 안 된다"라고 통보했다. 존 록펠러는 이 제안을 단칼에 거절하고 회사를 그만뒀다.

존 록펠러는 이때 겨우 열아홉이었다. 그런데도 그는 겁도 없이 사장에게 반기를 들었다. 사장의 제안을 뒤도 돌아보지 않고 사표를 냈다. 조숙하기도 했고 냉정하기도 했다. 그가 만용에 가까운 용기를 가질 수 있었던 이유는 단 하나, 자신의 가치를 정확히 판단하고 있었기 때문이다.

——— 어느 쪽이 무거운가?

휴잇 앤 터틀사를 나온 존 록펠러는 동료 모리스 클라크와 함께 위탁 판매 회사를 만들었다. 회사는 첫해에 매출 45만 달러, 순익 4000달러를 올리며 순조롭게 출발했다. 1861년, 그가 스물두 살 때 남북전쟁이 발발했다. 모든 사업가에게 그렇듯, 그에게도 위기는 기회였다. 전쟁물자 주문 때문에 록펠러의 판매 회사는 눈코 뜰 새 없이 바빠졌다.

문제는 청년 존 록펠러의 군 입대였다. 당시 미국(북부 연합)은 대대적으로 신병을 모집하고 있었다. 20대 전후의 젊은 남자는 대부분 군에 지원해서 링컨의 북부 연합을 도왔다. 이들은 노예제도에 반대하는 신념으로 뭉쳐 있었다. 존 록펠러 역시 링컨 지지자였고 노예제를 성토하는 집회에 참석하기도 했다. 또 그는 징집 대상 연령이었다.

이때 북부 연방 정부는 가정의 생계를 책임진 가장에 대해서는 징병을 면제해줬다. 스물두 살 존 록펠러는 가족 여섯 명을 부양하고 있었다. 면제 조건에도 불구하고 군에 입대하는 가장이 많았다. 그는 군에 입대할 수도 있었고, 하지 않을 수도 있었다. 그는 생각했다.

'군에 입대해 당당히 내 신념을 지킬 것인가? 아니면 사회에 남아 사업을 계속할 것인가?'

존 록펠러는 자신의 가치를 저울에 올려놓고 가늠해봤다. 군인으로서 존 록펠러와 사업가로서 존 록펠러. 어느 쪽이 더 무거운가? 저울은 한쪽으로 현저히 기울었다. 사업가로서 존 록펠러 쪽이었다. 그는 결국 군대에 가기보다는 사업을 계속하는 것을 택했다. 자신의 가치를 정확히 알고 있었던 냉정한 결정이었다.

이후, 군에 대한 의무가 전혀 없었는데도 존 록펠러는 북군에 상당한 지원금과 장비를 기부했다. 어떤 이유로든 군을 회피한 청춘의 보상심리 같은 것이었으리라.

—— 나를 알고 적을 알면

1864년부터 존 록펠러는 석유 사업에 뛰어들었다. 당시 그는 창업

동지였던 모리스 클라크와 동업을 하고 있었는데 석유 사업 2년째부터 두 사람 사이가 삐걱대기 시작했다. 존 록펠러는 석유 시장을 선점하기 위해 공격적인 경영을 해야 한다고 믿었고, 모리스 클라크는 현상 유지가 더 낫다고 판단했다. 동업자 사이의 의견 대립은 회사를 더는 끌고 나가기 힘들게 만들었다. 두 사람은 회사를 경매에 붙여 높은 값을 부른 사람에게 넘기기로 합의했다.

1865년 2월 2일, 회사를 놓고 경매가 열렸다. 입찰은 500달러부터 시작했다. 모리스 클라크가 고개를 끄덕이자 존 록펠러는 바로 1000달러를 불렀다. 가격은 1만, 2만, 3만 달러로 가파르게 올라갔다. 7만 달러를 넘어서자 경매장 안은 쥐 죽은 듯 조용해졌다.

"7만 2000달러."

절망적인 목소리로 모리스 클라크가 말했다.

"7만 2500달러!"

존 록펠러가 주저 없이 대답하자 모리스 클라크는 고개를 저으며 말했다.

"록펠러, 너 가져…"

존 록펠러는 훗날, "이날이 내 생애 가장 중요한 날이었다. 내 평생의 사업이 정해진 날이었기 때문이다"라고 회상했다. 문제는 존 록펠러에게 현찰 7만 2500달러가 없다는 것이었다. 어떻게 회사를 인수할 것인가? 그는 클리블랜드 금융계와 돈독한 신뢰를 쌓아놓고 있었다.

존 록펠러는 아는 사람들을 풀어 은행을 방문하게 했다. 그들은 은행장이나 관계자들에게 "만약 오늘 록펠러 씨가 돈을 빌리러 온다면 이 은행에서는 얼마나 빌려주실 수 있나요?"라고 물었다.

"록펠러 씨라면…. 10만 달러까지는 빌려줄 수 있소."

"그러면 12만 달러도 가능하지."

"11만 달러."

각기 다른 대답이 나왔다. 존 록펠러가 통계를 내보니 신용만으로 11만 달러까지는 대출을 받을 수 있다는 계산이 나왔다. 그래서 그는 가진 돈이 없었으면서도 자신 있게 경매에 뛰어들었고, 결국 모리스 클라크를 물리쳤다. 이에 비해 모리스 클라크는 7만 달러가 넘는 자금은 동원할 수 없었다. 이 사실 역시 존 록펠러는 정확히 꿰뚫고 있었다. 자신의 가치뿐 아니라 적의 가치도 확실히 알고 있었던 그는 백전백승할 수밖에 없었다.

—— 나는 정당한 보상을 받고 있는가?

우리는 우리의 가치를 잘 알고 있을까? 우리의 몸값은 얼마나 될까? 우리의 연봉은 우리가 일한 만큼 보상하고 있는 것일까? 나는 시간당 얼마만큼의 노동을 하고 있을까? 나는 받을 만큼 받고 있을까? 일하는 것보다 덜 받고 있을까, 아니면 더 받고 있을까?

만약 내가 일하는 것보다 훨씬 덜 받고 있다면 나는 존 록펠러처럼 사표를 던지고 회사를 떠날 수 있을까? 그 뒤에 갈 곳은 있을까? 나는 내 가치를 누가 평가하길 바라는 걸까? 내 가치를 남들의 잣대에 맡기고 있는 건 아닐까?

나의 몸값을, 나의 가치를, 나의 소중함을 정확히 알아야겠다. 내일이 오늘보다 더 나아지려면 내 가치를 더 크게 키워야겠다. 그런 다음, 당당하게 이렇게 말하면 된다.

"사장님! 내년 연봉은 30퍼센트 정도 올려주시길 바랍니다. 안 그러면 저, 뜹니다."

존 록펠러가 젊은이들에게

"자신의 돈이 어디에서 들어와서 어디로 나가는지 정확히 알고 있어야 합니다. 작은 가게를 운영하는 사람부터 대기업 총수에 이르기까지 실패하는 사람들은 모두 돈의 흐름을 제대로 파악하지 못한다는 공통점이 있습니다.

저는 어려서부터 일기를 쓰는 것처럼 용돈을 하루도 빠짐없이 기록했습니다. 그래서 저는 아주 작은 돈이라도 어떤 용도로 사용됐는지 정확히 파악하고 있었습니다. 돈의 흐름을 기록하는 저의 습관은 성인이 되어 사업을 할 때 기업 성장에 커다란 도움이 되었습니다.

용돈 기입장, 가계부 같은 것을 쓰는 걸 부끄러워하지 마십시오. 돈 1달러를 우습게 아는 사람은 1달러 때문에 울게 될 것입니다. 50센트를 귀히 여기는 사람은 50만 달러도 모을 수 있습니다. 젊은 시절부터 자기 돈이 얼마나 쓰였고 얼마나 모일 것이며 얼마나 모을 수 있는지를 정확히 알고 있어야 합니다.

그리고 목표를 높은 곳에 두어야 합니다. 똑같은 노력이지만 목표가 큰 사람은 큰 곳을 향한 노력을 하게 되고, 먹고사는 일에 급급한 사람은 뜻이 작기 때문에 작은 노력을 하게 되는 것입니다.

자신에게 내재되어 있는 무한한 능력을 꺼내 쓰기 위해서 가장 중요한 것은 얼마나 높은 목표를 가지느냐 하는 것입니다. 스스로 못 할 것이라고 생각하는 것은 스스로를 속이는 가장 큰 거짓말임을 명심하기 바랍니다."

"가지고 있는 달걀을 모두 바구니에 넣은 후
바구니를 꼭 지키기만 하면 됩니다."

– 앤드루 카네기

앤드루 카네기
Andrew Carnegie

작은 친절이 주는 보상

미국의 기업인 · 자선사업가

──── 밥 한 술로 구한 목숨

기원전 600년경 춘추 전국 시대 진晉나라 군주는 진영공(이때는 주나라 임금에게만 왕이라는 호칭을 붙였으나 편의상 진영공을 왕 또는 임금이라 하겠다)이었다. 그는 어린 나이에 임금에 올라 세상 물정을 몰랐다. 성인이 되자 제일 먼저 한 일이 커다란 탑을 만들어 그 위에서 노는 일이었다. 놀기만 하면 좋았을 것을. 간신들과 더불어 탑 위에 올라가 궁 앞의 큰길로 지나는 백성을 조준해 석궁 쏘는 것을 취미로 했다. 사람들이 놀라 달아나면 낄낄거리며 좋아했다. 왕과 간신들이 쏜 화살에 맞아 수십 명이 죽거나 다쳤다.

하루는 궁중 요리사가 곰 발바닥 요리를 덜 익혀 가져오자 영공이 노여워하며 요리사를 죽였다. 그는 요리사의 부인을 불러 남편의 시신을 끌고 궁정을 지나게 했다. "왕을 화나게 하면 이렇게 된다!"라고 외치게 하면서. 피떡이 된 시체를 끌고 나가는 부인의 눈에서는 피눈물이 흘렀다.

또 하루는 궁중 내시 하나가 진영공을 화나게 해 손과 발이 잘린 채로 실려 나갔다. 이 영공이라는 작자는 자기를 화나게 하면 대뜸 죽이고 봤다. 주위의 내시와 궁녀들이 영공의 눈치를 보느라 살얼음판 걷듯 처신했다. 누구 하나 그의 비위를 건드리려 하지 않았다.

이런 진영공에게 진나라의 충신 조순은 여러 차례 간언했다. "백성을 아끼고 사랑해야 한다. 술 좀 작작 마셔라. 나랏일을 돌봐라. 생명 귀한 줄 알아라…." 진영공은 바른말을 하는 조순이 못마땅해서 천하장사인 서마에게 조순 암살을 지시했다. 서마는 디데이 새벽 5시에 조순의 집 앞으로 갔다. 재상(지금의 국무총리) 조순의 집은 지키는 호위병 하나 없이 문이 활짝 열려 있었고 대낮처럼 곳곳에 횃불이 켜져 있었다. '초상이 났나?' 하는 생각으로 서마가 안을 들여다보니, 마루에 불을 켜고 죽간을 보며 일을 하는 남자가 있었다. 그가 조순이었다. 서마는 깨닫는 바가 있어 이렇게 외쳤다.

"조순 선생님! 나는 왕의 명령을 받고 당신을 죽이러 왔소. 그런데 생각해보니, 충신을 죽이는 것이 큰 죄인 듯하오. 당신이 조금만 늦게 일어났어도 내 손에 죽었을 것이오. 부디 우리 진나라를 위해 큰일을 해주시오."

서마는 말을 마치고 나무에 머리를 들이박고 죽었다.

조순은 암살 위협을 느꼈지만 직언을 멈추지 않았다. 그러던 어느 날 영공이 조순을 불러 이렇게 말했다.

"재상! 내가 이제부터 잘할게. 진짜야. 그동안 고생 많았어요. 내일 점심때 제가 술 한잔 거하게 내릴 테니 안가로 오셔요. 내일부터 나는 새로운 사람이 될 거야."

조순은 '진영공이 이제 철이 드나보다' 생각하고 궁으로 나갔다. 영 공과 조순은 나랏일을 걱정하며 술잔을 부딪쳤다. 그런데 술자리 좌우에는 사나운 개와 무사들이 몸을 숨기고 있었다. 이 모든 것이 영공이 조순을 죽이려고 짜낸 음모에 불과했다. 영공이 세 번째 폭탄주를 조순에게 건네려 할 때, 궁중 주방장 시미명이 나서서 큰 소리로 외쳤다.

"신하 된 자가 주군이 내리는 술을 석 잔 이상 받고도 물러나지 않으면 예의에 어긋나는 것이오!"

순간, 조순은 상황을 파악하고 자리를 박차고 도망쳤다. 영공의 무사들은 맹견을 풀어 조순을 뒤쫓았다. 시미명은 조순을 위해 맹견 두 마리를 주먹으로 때려 죽였다. 그리고 조순 뒤를 호위하며 영공의 무사들을 무찔렀다. 시미명 덕분에 조순은 위기를 벗어날 수 있었다. 조순은 뛰어가며 시미명에게 물었다.

"그대는 왜 나를 구해주는 것인가?"

"저는 뽕나무 아래 굶주렸던 사람입니다."

"뽕나무?"

그로부터 몇 해 전 일이다. 조순이 수산이란 곳에서 사냥을 하다가 한 뽕나무 아래에서 쉰 적이 있었다. 그곳에는 빼빼 마른 젊은이가 지쳐 쓰러져 있었다. 조순이 어디가 불편하냐고 묻자 젊은이는 대답했다.

"저는 사흘이 지나도록 아무것도 먹지 못했습니다."

조순은 그를 불쌍히 여겨 사람을 시켜 먹을 것을 가져오게 했다. 젊은이는 허겁지겁 밥과 고기를 먹었다. 그런데 반은 먹고 반은 주머니에 담는 것이었다. 조순이 그 이유를 물으니 젊은이는 이렇게 말했다.

"저는 3년 동안 고향을 떠나 공부를 하느라 어머님을 모시지 못했습니다. 이제 곧 집으로 돌아가야 하는데 이 음식을 가져가서 어머님을 봉양할 수 있도록 해주십시오."

조순은 젊은이에게 배불리 먹게 하고, 따로 도시락에 음식과 고기를 싸서 들려 보냈다. 그 젊은이가 나중에 진영공의 궁중 주방장이 된 시미명이었다.

—— 파업 전야

20세기 초반 세계 최대의 부호였던 미국의 철강왕 앤드루 카네기(1835~1919) 이야기를 하면서 왜 춘추 전국 시대 고사를 거론하는가? 필자는 앤드루 카네기의 청년 시절에 집중하였고, 그가 늘 다른 사람들에게 친절하게 대했다는 것을 알게 됐다. 춘추 전국 시대 역사가들은 이렇게 말했다.

"밥 한 끼를 얻어먹고도 목숨을 바쳐 보답하는 이가 있다."

앤드루 카네기는 젊은 시절에, 앞에 말한 조순이 겪은 일과 비슷한 경험을 하게 된다. 그는 성실하고 예의바르고 순수한 청년이었다. 사람들은 그가 좀 융통성이 없다고까지 생각했다. 술 담배를 일절 하지 않았으며, 음식을 탐하지도 않았다. 동료들이 추잡한 농담을 일삼을 때 슬쩍 자리에서 빠져나갔다. 그는 성인이 될 때까지 욕 한마디 해본 적 없는 선한 젊은이였다.

1856년, 펜실베이니아 철도 회사의 직원이었던 앤드루 카네기는 당시 철도 관리 담당 총책임자 토머스 스콧의 비서로 근무하고 있었다. 그들이 근무하는 곳은 관리 사무실이 있던 알투나Altoona라는 곳이었다. 토머스 스콧이 알투나로 부임하고 얼마 뒤, 철도 회사는 노동자들의 급여를 감축하고 사업비용을 줄이겠다는 정책을 발표했다. 열차 노동자들은 분노를 터뜨렸다. 이곳저곳에서 비밀리에 모임이 열렸고, 곧 파업을 일으킬 기세였다. 토머스 스콧과 앤드루 카네기는 이 파업 사태를 사전에 방지하거나 최소한 진정시켜야 하는 책임을 맡고 있었다(말하자면 알미운 사측이었다).

어느 날 밤, 화물 열차 종업원들이 미프린이란 곳에 열차를 세워둔 채 모두 집으로 가버리는 사고가 터졌다. 선로는 폐쇄되고 일대 교통은 완전히 마비되었다. 앤드루 카네기는 바로 노동자 사무실로 달려갔다. 그곳에서 노동자 대표들과 협의한 끝에 사측은 날이 밝는 대로 현장으로 달려가 사고에 대해 공정하게 조사하고, 노측은 업무에 복귀한다는 결론을 이끌어냈다.

그 일이 있고 나서 며칠 뒤, 앤드루 카네기가 어두운 길을 걸으며 홀로 집으로 돌아가고 있을 때였다. 한 사나이가 그를 미행했다. 앤드루 카네기는 '혹 누가 나에게 해코지하려는 것은 아닐까?' 하는 생각에 긴장했다. 불쑥 카네기 곁으로 다가온 사나이는 이렇게 속삭였다.

"계속 걸으면서 내 얘기를 들으십시오. 내가 당신과 함께 있는 것을 다른 사람이 보면 안 됩니다. 노동자들이 다음 월요일에 파업을 단행하려고 전단을 돌리고 서명을 받고 있습니다."

사나이는 앤드루 카네기에게 종이 한 장을 건넸다. 거기엔 파업 지도자와 서명자 명단이 적혀 있었다. 앤드루 카네기는 즉시 상관 토머스 스콧에게 이 사실을 알렸다. 토머스 스콧은 다음 날 아침 다음과 같은 공고를 작업장에 붙였다.

"월요일 파업은 무산되었음. 파업 지도자 및 서명자 명단이 우리에게 있음. 이들은 즉시 해고될 것임. 임금은 사무실에 와서 받아 갈 것."

── 대장장이의 이상한 은혜 갚기

노동자 측은 기밀이 새어나가자 사기가 떨어졌다. 파업을 진행할 엄두가 나지 않았다. 결국 파업은 일어나지 않았다. 앤드루 카네기는 고자질쟁이에다가, 회사 측의 이익을 대표하는 어용 직원이었던가?

그러나 1856년의 노사 관계를 지금과 같다고 생각해서는 안 된다. 칼 마르크스의 자본론이 발간된 것이 1867년이다. 미국에 노동조합이란 것조차 없던 시절이다. 노동환경이 열악한 것도 사실이었지만, 노동운동에 대해 매우 억압적이었던 것도 사실이다.

1913년 유럽 방문을 마치고 뉴욕에 돌아왔을 때의 앤드루 카네기

파업은 폭도들의 난동 정도로 인식되었다. 이때부터 30년이나 지난 1886년 5월 1일부터 4일까지 시카고의 헤이마켓에서 대규모 파업을 벌이던 노동자 가운데 수십 명이 경찰의 무자비한 진압으로 부상당하고 5명이 사형 선고를 받은 것만 봐도 당시의 파업관이 어땠는지 짐작해볼 수 있다.

앤드루 카네기와 노동자들의 대결 국면에서 카네기가 파업을 저지하지 못했다면, 파업을 일으킨 노동자들이 경찰에 의해 폭력적인 탄압을 받았을 가능성은 매우 크다. 그의 행동이 그가 훗날 말한 것처럼 '무시무시한 파업을 한순간에 잠재운' 차선책이었을 수도 있다는 말이다.

노동자 조직과 맞선 앤드루 카네기는, 일단 이기고 봐야 했다. 최선책은 아니었지만 이기는 것이 목적이었다면 그는 성공했다. 그러면 앤드루 카네기를 도와 명단을 넘겨준 사람은 왜 그런 짓을 했던 것일까? 파업 전야의 어두운 골목길에서 사나이는 앤드루 카네기에게 이렇게 말했다.

"예전에 피츠버그 사무실에 찾아가 대장간 일을 시켜 달라고 부탁했던 사람이 있었는데 기억하십니까? 그때 당신은 피츠버그에는 그런 일이 없지만, 알투나에는 일이 있을 테니까 잠시만 기다려준다면 전보로 문의해주겠다고 말했을 겁니다. 그때 그 사람이 바로 접니다. 당신은 시간이 많이 드는 일인데도 귀찮은 내색 없이 저의 이력을 조사하고는 이곳으로 보내줬지요. 당신 덕분에 제 아내와 아이들은 이곳에서 잘 살고 있습니다. 저는 지금껏 이렇게 여유 있게 생활해본 적이 없습니다. 그래서 이번에는 당신에게 은혜를 갚기 위해 이 이야기를 하는 겁니다."

── 친절한 청년 앤드루 카네기

앤드루 카네기는 대장장이 아저씨의 도움을 받아 인생의 큰 위기를 넘겼다. 그는 이때의 경험에 대해 자서전에 이렇게 썼다.

"사소한 호의나 친절한 한마디 말이 생각지도 않은 커다란 보답으로 되돌아오는 일이 종종 있다. 친절을 베푸는 행위는 절대로 헛되지 않은 법이다."

앤드루 카네기의 반反노동자 성향은 잠시 잊자. 회사에 대한 맹목적 충성도 한 번만 넘어가자. 중요한 것은, 그가 베푼 작은 친절이 큰 보답으로 돌아왔다는 사실이다. 청년 앤드루 카네기가 간직했던 근본적인 선량함을 과소평가해서는 안 된다. 그는 보상을 바라지 않고 친절을 베풀었다.

앤드루 카네기는 알투나 사건 이후에도 여전히 친절한 청년이었다. 남북 전쟁 시절(1861~1865)에 그는 워싱턴에서 정부의 철도 전신망을 관리하고 있었다. 이때 전쟁터에서 부상당한 병사의 가족들에게 통화할 수 있도록 알선해주거나, 유해를 받아 갈 수 있게 해주곤 했다. 포화가 빗발치는 전쟁터에서, 병사 가족들의 작은 부탁을 일일이 들어준다는 것은 쉽지 않은 일이었다. 그러나 앤드루 카네기는 얼굴 한번 찡그리지 않고 성심성의껏 그들을 도왔다. 병사의 가족들은 이때의 일을 잊지 않고 훗날 그에게 감사의 뜻을 전해왔다. 누가 뭐라 하든, 앤드루 카네기는 휴머니스트였다.

── 기부로 갚은 과거

상관에게 노동자들의 일을 고자질한 것이 마음에 걸렸던 것일까? 철강업으로 세계적인 거부가 된 앤드루 카네기는 천문학적인 돈을 사회에 기부하면서 이름을 남긴다. 전 세계에 도서관 3000개를 세웠고, 세계적인 예술가라면 누구나 한번쯤 서보고 싶어 하는 무대인 카네기 홀을 건립했으며, 인명 구조를 위해서 영웅적 행위를 한 사람을 위해 카네기 영웅자금을 만들어 유족을 원조했다.

자연과학을 원조하기 위해 워싱턴 카네기 협회를 만들었고, 카네기 공업학교를 세웠다(카네기 공업학교는 1967년 멜론 연구소와 합쳐져 카네기멜론대학교가 됐다). 교육진흥재단과 국제평화기금을 만들었고, 뉴욕 카네기 재단을 세워 성인교육과 사회과학 연구를 원조했다.

앤드루 카네기는 스코틀랜드 뎀퍼린의 가난한 집안에서 태어났다. 학교 공부라고는 4년간 받은 것이 전부였다. 그러나 그는 특유의 성실함과 친절함으로 사람들을 대했고 성공을 거둘 수 있었다. 전기 작가 버턴 핸드릭은 "카네기는 사업가 중 가장 온화한 성격을 가진 사람이다. 그는 끊임없는 매력으로 사람들을 매료시켰다"라고 말했다.

앤드루 카네기의 청년 시절이 우리에게 시사하는 바는 이것이다. '작은 친절을 베풀어라. 그러면 언젠가 큰 보답으로 돌아오리라.' 만약 그에게서 본받을 것이 없다고 여기는 사람이 있다면, 다음과 같은 별난 모습이 위로가 되길 바란다.

그는 교회에 오르간 수천 개를 기부했지만 기독교 신자는 아니었다. '철강왕'으로 알려져 있지만 실제로 강철 제조 방법에 대해서는 아는 바가 거의 없었다. 청년 시절, 사업을 한창 벌어놓고 남들이 바쁘게 일할 때 자기 혼자 훌쩍 외국으로 여행을 떠나버리곤 했다. '어머니가 살아 계신 동안에는 결코 결혼하지 않겠다'고 맹세했고 실제로 이 맹세를 지켰다. 앤드루 카네기는 어머니가 돌아가신 다음 해에 결혼했다. 그의 나이 52세 때 30세인 루이스 휘필드와 결혼했는데 앤드루 카네기가 루이스 휘필드를 처음 만난 것은 그녀의 나이 열세 살 때였다. 앤드루 카네기의 다른 행적에 대해서는 다 용서가 되는데… 필자 역시 스물 두 살 연하의 여성과 결혼했다는 대목에 이르러서는 이런 말이 튀어나오는 걸 어쩔 수 없다.

"이런 도둑×!"

앤드루 카네기의 사망 당시 재산은 3000만 달러였다. 생전에 그가 기부한 기금 총액은 3억 5000만 달러에 달했는데 현 통화 가치로 30억 달러(약 3조 8500억 원)에 이른다. 일부 학자들은 그 이상이라고 보기도 한다. 앤드루 카네기의 묘비에는 이렇게 쓰여 있다.
"여기, 자신보다 더 현명한 사람들을 주위에 둘 줄 알았던 사람이 누워 있다."

앤드루 카네기가 젊은이들에게

"저는 어린 시절부터 다른 사람에게 친절하고 부드럽게 대하라는 교육을 받고 자랐습니다. 커서 사회생활을 하면서 실제로 그렇게 하려고 많이 노력했고요. 학교 교육을 제대로 받지 못했지만 나중에 누구보다 많은 학교를 세웠습니다.

사실 우리가 살면서 정말 중요한 것은, 수학 공식이나 학위 논문이 아닙니다. 상대에게 소리 지르거나 화내지 않고 말하는 법을 터득하는 것입니다. 나아가 내 의견을 최대한 정중하고 자연스럽게 전하는 것입니다.

나는 사람들이 나를 최고의 부자라고 불러주기보다는 겸손한 기업가로 알아주길 바랍니다. 내가 누군가에게 기부하거나 도움을 줄 때 나는 내 행동이 나에게 어떤 보상을 가져다줄지 심각하게 고려하지 않습니다. 우리는 어떤 행동을 할 때 '이런 일을 하면 얼마나 보상받을까'를 생각합니다. 그러나 보상을 바라지 않고 행하는 친절이 가장 고귀한 것입니다.

우리가 남에게 베푸는 좋은 행위에 대한 가장 큰 보상은 우리가 그들에게 그 행위를 베풀 기회를 갖는 것, 바로 그것입니다. 그것으로 우리의 행위는 이미 보상받는 것입니다.

젊은 시절에 되도록 많이 친절하고 되도록 많이 베풀도록 하십시오. 가진 게 없다고요? 여러분이 가진 미소, 여러분의 따뜻한 마음, 부드러운 말 한마디, 그리고 여러분이 가진 열정을 생각해보세요. 여러분은 가진 것이 많은 존재입니다."

"꽃을 피우기 위해서는 고난을 견뎌야 한다."

– 마쓰시타 고노스케

마쓰시타 고노스케

松下幸之助

순수 직관의 사나이

일본의 기업인

—— **가난했기 때문에**

"내가 장사를 시작한 것은 먹고살기 위해서였다. 집이 가난했기 때문에 나는 무슨 일이든 해야만 했다. 또 원래 몸이 약했기 때문에 회사에서 근무하는 것은 맞지 않았다. 회사 근무는 하루 일하면 하루치 급료를 주었으므로 쉬는 날에는 밥을 먹지 못하는 때도 있었다. 그래서 쉬더라도 다소나마 먹고살 수 있어야 한다는, 참으로 사소한 동기에서 장사를 시작한 것이다."

1963년 미국을 방문하여 로스앤젤레스 시장과 함께한 마쓰시타 고노스케 부부

　내쇼날과 파나소닉 브랜드로 유명한 마쓰시타전기의 창업자 마쓰시타 고노스케(1894~1989)의 말이다. 그는 '경영의 신'이라고 불린다. 그가 세상을 떠나던 해 마쓰시타전기산업의 매출액은 4조 엔이 넘었고, 종업원 수는 20만 명에 달했다. 세계 160개국에 거점을 두고 있는 다국적 기업이었다. 거대기업의 총수 마쓰시타 고노스케가 '가난했기 때문에' 장사를 시작했다는 말은 아이러니하다.

　마쓰시타 고노스케는 인생 말기에 《길을 열다》 같은 베스트셀러를 쓰기도 했다. 이 책 표지 사진 속의 그는 후덕한 인상을 지닌 할아버지의 모습이다. 그는 특허 8건, 실용신안 92건을 가진 발명가이기도 했다.

　마쓰시타 고노스케는 사람을 최우선으로 하는 경영인이었다. 1929

년 일본에 불황이 닥쳤을 때, 그는 "직원을 반으로 줄여 위기를 넘기라"는 주위의 권고를 물리치고 "직원을 반으로 줄이는 대신 생산을 반으로 줄인다"고 말하며 그대로 실행했다. 다른 회사들이 직원을 내몰때, 그는 직원을 감싸 안았다.

불황이 가져온 위기는 다른 회사들을 쓰러지게 했지만 마쓰시타전기는 살아남을 수 있었다. 왜? 사장의 조처에 감동한 직원들이 전보다 더 열심히 영업해서 창고에 쌓여 있던 재고 물품이 두 달 만에 소진됐기 때문이다. 이때 마쓰시타 고노스케는 깨닫는다.

'돈보다 사람이 먼저이다!'

이 간단한 명제를 우리는 늘 잊곤 한다.

──── 마쓰시타 고노스케의 운명을 건 회담

마쓰시타 고노스케는 어떤 사람이었을까? 그는 순수했고, 직관을 갖고 있었고, 경영에 천부적인 재질이 있었다. 그리고…울보였다. 그가 대중 앞에서 눈물을 보인 것은 1964년 7월에 열린 저 유명한 '아타미 회담' 때의 일이다. 전국적인 불황 때문에 마쓰시타전기도 타격을 받았다. 마쓰시타전기 경영진과 일본 전국에 산재한 170개 대리점의 사장이 아타미 뉴 후지야 호텔에 모여 3일 동안 간담회를 열었다.

독립 자영업자인 대리점 사장들은 "불경기 대책을 세워라", "마쓰시타전기 사원들은 건방지다", "상품 디자인이 엉망이다"라고 말하는 등 불만 일색이었다. 170개 대리점 중 150개 대리점이 적자인 상황이었다. 한 사장이 일어나 말했다.

"우리는 30년 동안 마쓰시타전기하고만 거래를 했소. 마쓰시타전기의 방침대로 했는데 적자를 봤으니 마쓰시타전기에서 책임을 져야 하는 것 아니오?"

마쓰시타 고노스케는 이렇게 대꾸했다.

"당신은 지금까지 오줌이 빨개진 적이 몇 번이나 있었습니까? 나는 그렇게 되도록 일했소. 당신이 지금 본사에 불평을 하고 있는데, 당신은 그런 적이 몇 번이나 있었는지 말해보시오!"

그는 대리점 사장을 뚫어져라 노려봤다. '나는 내 목숨을 걸고 경영해왔다. 당신도 목숨 걸고 대리점 운영했냐? 본사도 문제이지만 대리점도 문제가 많다'는 지적이었다. 마쓰시타 고노스케는 앞줄에 앉은 또 다른 점주에게는 이렇게 말했다. "로터리클럽 배지를 차고 있군요. 적어도 일주일에 한 번 모임에 나가야 할 텐데, 내 코가 석 자인 판에 남을 위해 봉사할 시간이 있습니까?"

그는 처음부터 이 간담회를 마쓰시타전기 쪽만 반성하는 모임으로 만들 생각은 없었다. 대리점도 반성하지 않으면 매출은 늘지 않는다는 것을 지적하려 했다.

이튿날에도 상황이 변하지 않았다. 그는 전날에 이어 10시간 이상 단상에 서서 '노력해보지도 않고 징징거리지 마!'라는 느낌이 들도록 질타하고 있었다.

3일째 되는 날도 마찬가지였다. 대리점주들은 본사 잘못만 탓하고, 본사는 대리점이 문제라는 식이었다. 탁상공론이었다. 고함을 치고 욕

자민당 정경간담회에서 건배를 제의하는 마쓰시타 고노스케(1977년)

을 퍼붓는 점주도 보였다. 회의장은 전쟁터 같았다. 마쓰시타 고노스케
는 난장판이 된 회담장을 바라보다 잠시 눈을 감았다. 문득 30년 전 마
쓰시타전기를 처음 창업해서 전구를 만들어 팔던 나날이 떠올랐다. 그
는 다시 마이크를 잡았다.

—— 울보 사장

"여러분이 하신 말씀, 저희가 생각한 점을 종합해서 제 의견을 말씀
드리겠습니다. 이틀 동안 충분히 토론을 했으니 이제 변명은 그만두겠

습니다. 잘 생각해보니 결국 마쓰시타전기가 잘못한 것 같습니다. 저희가 여러분을 충분히 도와 드리지 못했습니다. 정말로 죄송합니다.

저는 문득 30년 전의 일을 떠올렸습니다. 전구를 처음 만들어 팔러 다니던 시절입니다. 저는 '아직 우리 회사 제품의 품질과 신용이 초일류는 아닙니다. 그러나 앞으로 반드시 최고가 되겠습니다. 제발 이 전구를 팔아주십시오' 하고 애원하며 돌아다녔습니다. 그러나 사람들의 반응은 그리 호의적이지는 않았습니다. '전구 따위를 왜 사?', '혹 값을 내리면 살까?' 그렇게 말씀하시는 분들에게 '지금 여러분이 저희 회사를 키워주지 않으면 일본에서 초일류 전구는 탄생하지 못합니다. 여러분의 힘으로 이 전구를 최고로 만들어주십시오'라고 사정했습니다. 그러자 '자네가 그렇게까지 말하니 팔아주지'라고 말씀하셨습니다. 그때 전구를 사주신 분들 중 많은 분이 오늘날 대리점을 하고 계십니다. 이렇게 보면 오늘날 마쓰시타전기가 성장한 것은 진정 여러분의 덕택입니다. 저희는 한마디도 불평할 자격이 없습니다…. 은혜를 잊은 채 현실 상황만 보고 판단하니 문제가 나타났습니다. 앞으로는 마음을 고쳐먹고…개선해나갈 것을…약속…."

마쓰시타 고노스케는 다음 말을 잊지 못했다. 그는 눈시울이 붉어져 있었다. 그의 눈에서 굵은 눈물이 뚝뚝 흘러내렸다. 진심의 눈물이었다. 고함과 욕설이 난무하던 간담회장이 쥐 죽은 듯 고요해졌다. 이내 여기저기서 낮게 흐느끼는 소리가 들렸다. 손수건을 꺼내 눈물을 닦는 사람들이 보였다. 사나이들의 눈물이었다. 마쓰시타 고노스케의 진심이 통하는 순간이었다.

아타미 회담은 대리점과 본사의 화합으로 끝났다. 이후 마쓰시타 고노스케는 영업본부장을 겸임하면서 4개월에 걸쳐 회사를 정상으로 되돌려놨다. 그는 마음이 순수한 울보였다.

1894년 와카야마현에서 태어난 마쓰시타 고노스케는 소학교를 졸업하고 오사카로 가서 아홉 살 때부터 상점에서 점원 생활을 했다. 처음에는 화로 가게에서 화로를 닦았고, 열 살 이후에는 자전거 가게에서 일했다. 그가 여섯 살 때 둘째 누나와 큰형이 병으로 죽었고 열한 살 때는 아버지와 누나 둘이 6개월 사이에 모두 병사했다. 이때의 상처는 그의 인생에 큰 트라우마로 남았다.

그가 자전거 가게에서 일하던 열다섯 살의 어느 날이었다. 모기장 장수에게 자전거 한 대를 팔러 나갔다가 '10퍼센트만 깎아 달라'는 청을 거절하지 못해 그 값에 팔고 왔다. 자전거 가게 주인은 자기 허락을 받지 않고 할인 판매를 하고 온 그에게 "5퍼센트 이상 깎아주면 안 되는 거야! 바카야로(멍텅구리)!"라며 야단을 쳤다. 마쓰시타 고노스케는 "그럼, 깎아 달라는데 어떻게 해요?" 하며 울어버렸다. 그 모습을 본 누군가가 모기장 장수에게 말을 했고 모기장 장수는 5퍼센트에 해당하는 액수를 돌려줬다.

마쓰시타 고노스케는 1910년, 오사카전기에 입사했다. 낮에는 일하고 저녁에는 간사이 상공학교 야간부에서 공부를 했다. 근면하고 성실했던 그는 스물두 살에 검사원으로 승진했다. 검사원은 다른 직원들의 배선 공사를 감독하는 고위직이었고 하루에 서너 시간만 일하면 되는 자리였다.

일본에서 '경영의 신'으로 불렸던 마쓰시타 고노스케

　그는 나머지 시간에 더 좋은 전구를 발명하기 위해 애썼다. 몇 달 뒤, 그가 발명한 소켓을 상사에게 보여줬다. 상사는 "이 정도로는 어림없다"고 말했다. 마쓰시타 고노스케는 다시 며칠 동안 연구해서 시제품을 만들었다. 이번에도 상사는 "아직 아니야. 더 연구해봐"라고 답했다. 그는 갑자기 자신이 한심하다는 생각이 들었다. 잘 만들었다는 칭찬을 들을 줄 알았던 그는 억울했다. 눈시울이 뜨거워지면서 울컥 눈물이 솟았다.

　이런 상황에서 그는 뭘 떠올렸을까? 독립해야겠다는 결심이었다. 상사의 혹평 속에서도 그는 개량 소켓을 만들 자신이 있었다. 며칠 뒤, 그는 상사를 찾아가 사표를 내고 안정된 직장을 떠났다.

—— 눈물 속에 숨은 진실

　여자의 눈물이 무기라지만, 남자의 눈물도 그럴까? 마쓰시타 고노스케를 보면 그런 것 같다. 그러나 눈물이 무기가 되기 위해서는 그 눈물 속에 진정이라는 나트륨이 포함되어야 한다. 마쓰시타 고노스케가 눈물을 감추지 않았던 이유는 마음이 약해서가 아니라 순수한 사람이었기 때문이다. 순수는 그에게 직관을 선사했다. 그의 청년 시절은 좀 더 멀리 내다보는 직관으로 점철된 시기이다.

　전등회사에서 사표를 내려고 하자 주변 사람들이 그를 말렸다. 동료들보다 몇 년 일찍 승진한 그에게 사람들은 "좋은 직장을 왜 때려치우려 하느냐"고 말했다. 그 당시의 전등 검사원은 지금으로 치면 IT 전문가 같은 것이었다. 전기 사업이 첨단 업종이었기 때문에 높은 급여에 적은 근무시간이 보장되고, 사람들에게 선망의 눈길까지 받을 수 있는 일이었다. 그러나 그에게는 미래를 내다보는 눈이 있었다. '더 좋은 전등이 필요한 세상이 온다'는 직관이 그를 사로잡고 있었다. 훗날 마쓰시타 고노스케는 이때를 회상하며 말했다.

　"하루에 두세 시간만 일했고 월급도 두둑했지만, 나는 뭔가 불안했다. 마치 우리에 갇힌 동물 같다고나 할까? 직장은 동물원 같았다. 동물원의 동물은 먹이를 걱정하지 않아도 된다. 다른 동물에게 습격당할 염려도 없다. 그런데 그들은 정말 행복한 것일까?"

마쓰시타 고노스케는 동물원을 뛰쳐나왔다. 1년 동안 시장조사를 한 뒤 마쓰시타전기제작소를 개업, 개량 전구와 선풍기 지지대 같은 것을 만들어 팔았다. 회사는 조금씩 발전해나갔지만 1923년, 1차 세계 대전이 끝나고 불황이 찾아왔다. 이때 마쓰시타 고노스케는 공장을 더 확장했다. 그가 가진 돈은 4500엔뿐이었지만 대출을 해서 7000엔을 만들었다. 전등 사업은 머지않은 미래에 각광을 받게 될 것이라고 확신했기 때문이다.

───── 세상은 만만치 않지만

공장 확장 후, 마쓰시타 고노스케는 자전거 램프를 만들었다. 처음에 2000개를 만들었는데 석 달 넘게 단 한 개도 팔리지 않았다. 재고는 그대로 쌓여 있었다. 생산은 자신 있게 했지만, 판매가 문제였다. 그는 램프를 들고 그동안 거래하던 도매상에도 찾아가보고 대도시 자전거 가게도 돌아다녀봤지만, 사람들의 반응은 싸늘했다. '다른 건 다 사도 자전거에 다는 램프는 안 사!' 이런 식의 반응이 돌아왔다.

그러나 마쓰시타 고노스케는 실망하지 않았다. 더는 울지도 않았다. 그는 믿고 있었다. 곧 사람들이 마쓰시타전기의 자전거 램프를 찾을 것이라고. 그 당시 자전거 램프라는 것은 고작 3시간 동안 켜면 수

명이 다하는 것이었다. 그가 새로 발명한 램프는 수명이 50시간이나 되는 것이었다(당시에는 밤에 자전거를 타고 다니면서 핸들 앞에 양초를 달고 다니는 사람도 많았다고 한다).

며칠 밤을 새며 고민하던 그는 결단을 내렸다. '무료로 뿌리자!' 획기적인 판촉이었다. 마쓰시타 고노스케는 판매원 세 사람을 고용해 오사카 내 소매상에 램프를 세 개씩 공짜로 돌렸다. "이 램프는 다른 램프보다 수명이 열 배나 더 깁니다. 한번 써보시고 믿음이 가면 찾아주십시오"라는 말을 덧붙여서.

마쓰시타전기의 운명을 건 무료 판매가 시작됐다. 결과는? 대성공이었다. 얼마 되지 않아 전화와 엽서로 자전거 램프 주문이 밀려들기 시작했다.

마쓰시타 고노스케는 늘 '경영은 사람'이라는 신조로 살았다. 생전에 그는 사원들에게 이렇게 가르쳤다.

" '마쓰시타전기는 어떤 회사입니까?'라는 질문을 받으면 '마쓰시타는 사람을 만들고 있습니다. 그리고 전기 제품도 만듭니다'라고 대답하십시오."

그가 초기 마쓰시타전기를 운영할 때의 일이다. 친지 세 명과 더불어 일하던 그는 처음으로 직원 다섯 명을 고용했다. 당시 주로 했던 일은 소켓을 만드는 일이었다. 소켓에는 아스팔트와 석영, 돌가루를 섞어 만드는 반죽이 재료로 사용되었는데, 이 반죽 만드는 공정은 사업 비밀이었다.

그러다 보니 소켓 제조의 최종 과정은 늘 비법을 아는 마쓰시타 고노스케를 포함한 친지 세 명이 맡아서 해야 했다. 마쓰시타 고노스케는 어느 날 '반죽 비법을 모두에게 공개하는 게 좋지 않을까' 하는 의견을 내놓았다. 친지들은 "제조법이 새나가면 경쟁자가 늘고, 그렇게 되면 우리 모두에게 손해"라며 말렸다. 그는 친지들의 충고를 받아들였지만, 사람에 대한 자신의 직관을 믿었다. 그는 친지들에게 "충고는 고맙다. 하지만 사원들에게 비법을 가르쳐주면서 '비밀을 꼭 지켜 달라'고 부탁하면 그들은 우리를 배신하지 않을 것이다"라고 설득하며 자신의 주장을 관철했다.

결과는 어땠을까? 회사 직원 중 그 누구도 제조법을 발설하지 않았다. 오히려 '나는 중요한 일을 하고 있다'고 느낀 사원들이 의욕을 갖고 일하게 되어 생산성도 높아졌다.

── 청년은 순수하다

젊다는 것은 순수하다는 것이다. 청년 마쓰시타 고노스케는 누구보다 순수했다. 순수하다는 것은 잡스러운 것이 끼어 있지 않은, 있는 그대로의 상태이다. 다른 이를 의심하지 않는 상태, 내 마음을 의심하지 않는 상태를 말한다. 자신도 타인도 의심하지 않았던 마쓰시타 고노스케는 감정에 충실했고 그래서 울보이기도 했다.

그는 종종 이렇게 말했다. "마쓰시타를 창업한 것은 운이다", "열심히 하다 보니 성공하게 됐다. 보이지 않는 운명의 힘이 있는 것 같다", "일을 마무리하는 10~20퍼센트는 운"이라고. 그가 '운'이라고 말한 것이 실은 그의 내면에 있는 직관의 힘이었다.

직관이란, 판단이나 추리를 하지 않고 어떤 대상을 직접적으로 파악하는 것이다. 마음의 사(詐)함과 경(輕)함과 추(醜)함을 모두 벗어버린 상태에서 할 수 있는 행동이다. 마쓰시타 고노스케는 눈물과 함께 불순한 것들을 쏟아낼 수 있었기에 직관할 수 있었다. 우리가 무엇에 대해 있는 그대로 파악하기 위해서는 우리 눈에 낀 먼지부터 걷어내고 볼 일이다.

마쓰시타 고노스케는 1989년 94세 나이로 사망 당시 2449억 엔(약 2조 6000억 원)을 유산으로 남겼다.

마쓰시타 고노스케가 젊은이들에게

"저는 90세가 넘기까지 왕성하게 활동했습니다. 언젠가 장수 비결을 묻는 사람들에게 저는 이렇게 말했지요.

'나날이 새로운 활동을 계속하는 한 청춘은 영원히 그 사람의 것이다'라고요.

여러분은 지금 푸르른 인생의 시기를 살고 있습니다. 그러나 나이가 어리다고 청춘이 아닙니다. 청춘이라는 이름에 걸맞은 생각과 행동을 해야 청춘이지요. 일본 최고의 대학을 나온 사람 중에 의외로 꿈이 없는 사람이 많습니다. 그들은 명문대를 나왔다는 것만으로 만족합니다. 졸업장이 무엇이든 이루어줄 거라는 착각 속에 빠져 있습니다. 그는 이미 청춘이 아닙니다. 스무 살 노인이지요.

무슨 일이든 멈춘다는 것은 실제로 조금씩 무너져간다는 것을 의미합니다. 결국 머물러 있다는 것은 개인은 물론 사회도 위기라는 이야기이지요. 지금껏 해왔던 방식으로 그냥 머무르려 해서는 안 됩니다. 전환기에 있을수록 우리는 더 많이 변화해야 합니다.

발전하려면, 더 풍요로워지고 싶다면, 서두르십시오. 무슨 일이 있어도 먼저 서둘러야 합니다. 급격히 변화하는 세상에서 장래를 걱정한다면 절대 게을러서는 안 됩니다.

아직도 꾸물거립니까, 어서 일어나시오!"

일론 머스크는 '환경 오염으로 인해 더는 지구에 인류가 살지 못한다면 화성을 개척하는 것이 필수'라고 생각했다. 화성을 개척하려면 먼저 화성에 갈 수 있어야 한다. 화성에 가려면 우주 로켓을 발사해야 하고 그러려면 먼저 로켓에 대해 알아야 한다. 그는 영화 〈아이언맨〉에 나오는 주인공 토니 스타크처럼 로켓에 대해 공부하기 시작했다. 어느 날 일론 머스크는 NASA가 발표한 보고서를 읽었다. "화성에 유인 우주선을 보내려면 약 500조 원이 든다"라는 내용이었다.   – 일론 머스크 중에서

새로운 시대의 부자

"인생의 가장 큰 장애물은 일을 시작하기도 전에
스스로 한계를 정하는 것이다."

– 칼리 피오리나

칼리 피오리나

Carly Fiorina

나는 나!

전 휴렛패커드 CEO

——— 유혹의 희생양

"나는 초보 관리자였고, 그 사람은 마운틴 벨사의 2급 관리자였다. 그는 상대를 격려해주는 타입이었다. 내 말을 신중하게 잘 들더니, '하루 정도 시간을 내서 고객들을 찾아다니며 그 (새로운 영업) 기회에 대해 자세히 의논해보자'고 제안했다. 그날 고객과 보낸 시간보다 차에서 그 사람과 보낸 시간이 더 길었던 것 같다. 나는 직업적으로 동료로 대접받고 싶은 마음이 간절했고, 그를 진지한 사람이라고 생각했다. 하루종일 사람들을 찾아다니다가 마침내 호텔로 돌아오자, 그는 술이나 한

잔하자고 했다. 바에 앉아 있다가 내가 멍청하고 순진하게 굴었다는 것을 깨달았다. 이 남자는 고객보다는 여자를 유혹하는 데만 관심이 있었다. 나는 양해를 구하고 내 방으로 가서 저녁 시간을 보냈다. 그는 그날 밤이 깊도록 계속 전화를 해댔고, 화를 냈다.

다음 날 마운틴 벨 사무실에 갔다가, 사람들이 나를 지나치게 빤히 쳐다본다는 느낌을 받았다. 전날 밤 내게 퇴짜를 맞은 남자가 아침에 출근해서 나랑 멋진 잠자리를 했다고 떠벌렸다는 걸 알게 됐다."

칼리 피오리나는 스물여덟 살에 초급 관리자로서 겪은 황당한 이야기를 자신의 자서전에서 털어놓았다(이하 등장하는 에피소드는 칼리 피오리나가 쓴 자서전 《칼리 피오리나 · 힘든 선택들》을 참조해 재구성했다).

20대 때 피오리나는 매력적인 금발 여성이었다. 그녀가 신입사원으로 활동하던 1980년대 초 미국에는, '미녀는 무식해'라는 등식이 성립하고 '거래처 임원 접대는 룸살롱에서'라는 룰이 적용되는 데다 '여자는 희롱해도 돼'라는 의식이 남아 있었다.

1982년, 그녀가 처음 관리자가 되었을 때 직속상관은 고객에게 그녀를 이렇게 소개했다.

"칼리랑 인사하시죠. 우리 얼굴마담입니다. 크흐흐흐…."

웃음이 잦아들 때쯤 그는 덧붙였다.

"아, 물론 귀사를 담당할 새 세일즈 관리자이기도 하고요."

칼리 피오리나는 따라 웃을 수밖에 없었다. 미팅이 끝나고 그녀는 상관에게 말했다.

"다시는 저를 그런 식으로 소개하지 마세요."

상관은 그녀를 아래위로 훑어보더니 이렇게 대꾸했다.

"오케이! 미안, 미안. 그런데 혹시 전직이 치어리더 아니었어? 크흐흐흐."

── 스트립쇼걸로 오해를 받더라도

칼리 피오리나가 1980년 AT&T(American Telephone & Telegraph Co. 미국의 전화-통신 회사. 1885년 뉴욕에서 알렉산더 벨이 창립한 유서 깊은 기업)에 입사하고 나서 얼마 뒤에 있었던 일이다. 그녀는 데이비드 고드프리와 함께 인디언 보호구역의 통신 시설을 지원하는 일을 맡게 됐다. 그는 은퇴를 앞둔 베테랑 영업 사원이었고 '뭐든' 팔 수 있는 사람이었다. 오랫동안 현장에 있었지만 승진은 못 하는 사람들이 흔히 그렇듯, 그는 상사들에 대해 "쥐뿔도 모르는 작자들"이라고 평하곤 했다. 동시에 '여자들이 영업을?'이라는 의문을 지닌 사람이었다.

그는 어느 날 칼리 피오리나에게 "며칠 뒤에 중요한 고객 두 사람이 방문할 것"이라고 말했다. 칼리 피오리나는 그들을 만나 앞으로 어떻게 통신 시스템을 만들어갈 것인지 설명할 계획이었다. 그녀는 데이비드 고드프리에게 "그분들 만나는 자리에 내가 합류해도 될까요?" 하고 제안했다. 그는 안 될 것 없다는 태도였다.

고객과의 만남이 있기 전날, 데이비드 고드프리는 칼리 피오리나의 책상 옆으로 와서 이렇게 말했다.

"칼리, 저쪽 국장 둘과 만나는 일 말이야. 자네는 그 자리에 합석하

칼리 피오리나는 1997년 휴렛패커드 최초의 여성 CEO가 되었다.

지 못할 것 같아."

"왜요?"

"저기, 우린 '보드 룸'에 갈 거거든. 미안." 그는 훌쩍 자리를 떴다.

보드 룸이란? 피오리나가 또 다른 상사에게 물어봤다. 보드 룸은 지위가 높은 남성 전용 클럽이었다. 무대에서는 스트립쇼가 벌어지고, 쇼 사이사이 쇼걸들이 원하는 손님들의 식탁 위에 올라와서 속이 비치는 옷을 입고 (또는 아예 속옷을 입지 않고) 춤을 추었다. 손님들은? 쇼걸들을 곁눈질하며 식사를 했다. 물론, 비즈니스 이야기 10퍼센트, 노는 이야기 20퍼센트, 여자 이야기 70퍼센트인 대화를 이어가기도 했다(여자 이야기를 하는 도중 절대 자기들 마누라 이야기는 하지 않았다).

한마디로 데이비드 고드프리는 칼리 피오리나를 미팅에 데려가지 않겠다는 의도였다. 그러나 그녀가 어떤 여자인가? 1996년, AT&T에서 분사한 루슨트 테크놀로지의 CEO를 맡아 성공적으로 경영했고, 60년 전통 휴렛팩커드HP가 전격 발탁한 최초의 전문 경영인이었다. 칼리 피오리나는 HP를 인수한 후 경영혁신을 단행, 사상 최대의 합병이라는 컴팩과의 인수합병에 성공하고 혁신적인 경영으로 HP를 아사 직전에서 구해냈다. 미국의 경제전문지 《포천》은 1998년부터 6년 연속 칼리 피오리나를 '세계 최고의 여성 CEO'로 선정했다. 이랬던 그녀였다.

다시 젊은 시절의 칼리 피오리나로 돌아가자. 칼리 피오리나는 데이비드 고드프리와 고객들이 '보드 룸'으로 간다는 말을 듣고 한동안 공황 상태에 빠졌다. 왕따를 당한 것 같고, 무시당한 것 같았다. 그녀는 여자 화장실 변기에 두 시간 동안이나 멍하니 앉아 있었다(다리 저렸겠다). 그녀는 생각했다. '이 일은 내게 중요한 것인가? 그렇다. 보드 룸에 가는 것은 내게 창피한 일인가? 그렇다. 그렇다면?'

그녀는 순간의 쪽팔림보다는 지속적인 중요함을 택했다. 다음 날, 칼리 피오리나는 비즈니스 정장을 차려입고 약속 장소로 갔다. 택시를 타고 기사에게 "버몬트 거리에 있는 보드 룸으로 가주세요"라고 말하자 나이 지긋한 기사 아저씨는 백미러를 힐끗 보더니 이렇게 답한다. "오, 거기 새로 무대에 오르는 아가씬가?"

칼리 피오리나는 보드 룸에 들어섰다. 남자들의 시선이 그녀에게 고정되었다. 다행히 무대에서 한 스트립 걸이 막 마지막 속옷을 벗어던지려는 순간이었기에 남자들은 곧 그녀에게서 시선을 거두었다.

칼리 피오리나는, 한편으로는 부끄럽고 한편으로는 초조했지만, 애써 무시하고 고객들에게 자신이 생각한 새로운 프로젝트에 대해 성심성의껏 제안했다. 두 고객은 때로는 고개를 끄덕이고 때로는 당황했다. 데이비드 고드프리는 그러거나 말거나 계속 새로운 아가씨를 불러 테이블 위에서 상의를 거의 풀어 헤친 채 춤추게 했다.

몇 시간 동안 자신의 견해를 피력한 후 칼리 피오리나는 그곳을 나왔다. 한 아가씨가 "숙녀분이 있는 자리에서는 옷을 벗지 못하겠어요"라는 말을 했기 때문이다. 남자들만 남게 되었을 때, 그들은 안도의 한숨을 내쉬었다. 밖으로 나온 칼리 피오리나도 마찬가지였다. 다음 날부터 데이비드 고드프리는 절대 피오리나를 깔보는 듯하는 언행을 하지 않았다.

—— **여성 영업자의 고전과 도전**

"나는 당시 고객과 술집에서 만나는 경우가 많았다. 고객 중에는 느긋한 분위기에서 서로 알아가기를 원하는 사람들이 많았기 때문이었다…세월이 흐르면서, 비즈니스에서 술자리가 중요한 부분을 차지하는 문화권이 많다는 것을 배웠다. 특히 아시아가 그렇다(만일 칼리 피오리나가 한국에 왔다면 이 문장은 '특히 한국은 술 없이는 비즈니스 하기 힘들다'는 문장으로 고쳤을 것이다- 필자 생각)."

"나는 술을 잘 마시는 편이 아니었지만, 마셔야 하는 자리에서는 진토닉을 마셨다. 밤이 깊어지고 동석자들과 편안한 분위기가 무르익으면, 나는 슬그머니 바로 가서 바텐더에게 이렇게 부탁하곤 했다.

'지금부터는 내가 진토닉을 주문하면, 그냥 토닉만 따라주세요. 이건 우리 둘만의 비밀이에요.'

아무도 내가 토닉만 마셨다는 걸 눈치채지 못했을 것이다. 어떤 분위기에서 비즈니스를 할지 고객에게 선택권을 주는 것은 내가 그들을 존중한다는 마음의 표시였다. 그러면서 나 자신을 보호하는 데 필요한 조치를 취한 것이었다."

금발의 미녀가 냉혹한 비즈니스 세계에서 살아남기란 쉬운 일이 아니었나 보다(오죽하면 〈금발이 너무해〉라는 영화까지 만들어졌을까?). 칼리 피오리나는 AT&T에서 비용 절감 시스템을 만드는 등 승승장구했다. 그녀는 사람들이 자기 외모를 보고 '예쁜 여자가 뭘 하겠어? 대체로 미녀들은 멍청해'라는 식으로 생각한다는 것을 잘 알았다. 여기에 대해 그녀는 어떤 반응을 보였을까? 서른 살이 되었을 때, 칼리 피오리나는 한 상사에게 "다른 사람들이 당신에 대해 어떻게 생각해줄까를 기대하기 전에 당신이 그들을 먼저 납득시켜야 한다"라는 말을 듣고 이렇게 깨닫는다.

"내가 제법 매력적인 여성이기 때문에, 어떤 사람들은 내가 능력이 없을 것이라고 속단했다. 희롱당하고 유혹당한 적도 있었다. 그들은 내가 맡은 일을 잘해낼 거라고 생각하지 않았다. 내가 어떤 사람이고 무엇을 할 수 있는지에 대한 그들의 편견을 내가 나서서 깨뜨리지 않는다면, 나는 그들에게 존중받지 못할 것이었다. 더 열심히 일하고 더 준비해야 했다."

칼리 피오리나는 그러면서 사랑받고 싶어 하는 여성들에게, 아니 모든 여성에게 이렇게 당부했다.

"나는 그때까지 사랑을 받으려고 열심히 노력했다. 누구나 사랑받고 싶어 하지만, 특히 여성은 상대에게 유쾌하고 붙임성 있는 사람이라는 인상을 주고 싶어 한다. 그러나 가끔은 사랑받는 것보다 존중받는 게 더 중요하다."

── 사랑받는 것보다 중요한 것

칼리 피오리나의 청년 시절이 우리에게 주는 가르침은 이것이다. 사랑받는 것보다 존중받는 게 더 중요하다는 것. 칼리 피오리나의 신념은 '나는 나', '내 인생은 나의 것'이라는 마음에서 비롯되었다. 그녀는 2005년 2월 9일, 휴렛팩커드 이사진에 의해 CEO직에서 물러나야 했을 때, "두려움에 젖어 평생을 살아왔기에 이제는 두렵지 않다. 내 영혼은 여전히 내 것이다"라고 말했다. 자신의 자서전도 "내 인생은 내 것이다. 나는 평안하고 행복하다"라는 문장으로 끝을 맺고 있다.

그녀는 젊은 시절, 몇 번에 걸쳐 부모의 뜻을 거역했다. 스탠퍼드대학교를 졸업하고 부모의 뜻에 따라 UCLA 로스쿨에 진학했지만, 법학 공부에 흥미를 느낄 수 없었다. 학교를 찾아온 아버지에게 "법학이 싫다!"라고 말했다. 그녀의 첫 반항이었다. 아버지는 크게 실망하며 떠나갔다. 그녀의 아버지 조지프는 법학자였다.

얼마 뒤에 그녀는 학업을 포기했다. 이때 그녀는 '내 인생의 목적이 부모님을 기쁘게 하는 것일 수만은 없다'며 부모님에게 학교를 그만두

겠다고 말했다. 어머니는 "너 왜 이러니? 정말 걱정이구나"라고 답했고, 아버지는 "네가 잘될 거 같니?"라고 되물었다. 칼리 피오리나가 이렇게 반항할 수 있었던 이유가 뭐였을까? 그녀는 로스쿨에 다니면서 자기 생활비와 학비를 스스로 벌었다. 경제적인 독립은 부모에게서 탈출하는 첩경이다.

칼리 피오리나는 학교를 그만둔 그해에 토드라는 남자를 만났다. 그녀가 결혼 계획을 말하자 어머니는 또 반대했다. 토드는 그다지 능력 있는 남자가 아니었다. 그녀는 토드의 매력에 반해서라기보다 부모님을 떠나 원하는 곳에 가고 싶은 자유를 얻기 위해 그를 택했다. 칼리 피오리나는 엄마가 잔소리를 늘어놓자 얼른 결혼해버렸다(어디든 자식의 결혼

칼리 피오리나와 남편 프랭크 피오리나(2010년)

을 찬성하는 부모는 별로 없다). 결과는? 토드와 한 결혼은 불행하게 끝났다. 그
러나 그녀는 프랭크라는 짝을 만나 재혼했다. 프랭크에게는 전처에게
서 낳은 로리와 트레이시라는 두 딸이 있었다. 프랭크와 칼리 피오리나
는 두 딸을 진심으로 사랑했다. 이후 칼리 피오리나와 프랭크 부부는
안정적인 가정생활을 영위했다. 프랭크야말로 칼리 피오리나의 진정한
배필이었다.

　　칼리 피오리나가 편견을 물리치고 여성 CEO로서 성공할 수 있었던
것은 '나는 나'라는 의식 때문이었다. 그 의식으로부터 '사랑받기보다
는 존중받는 존재가 되겠다'는 다짐이 나왔다. 그 다짐을 좀 더 알기 쉽

게 풀어보면 '(부모에게만) 사랑받기보다는 (문밖의 사람들에게도) 존중받는 존재가 되겠다'는 명제가 된다. 우리가 어른이 된다는 것은, 내가 결국 나라는 사실을 깨닫는 것이다. 내가 나이기 위해서는 독립적이고 자유로운 영혼을 가져야만 한다.

그렇게 되기 위해 맨 처음 해야 할 일은? 부모님이 빌려주신 돈부터 갚는 일이다. 자고로, 지원은 간섭의 다른 이름이며 의지는 미숙의 쌍둥이이다.

미국 주간지 《선》에 따르면 칼리 피오리나가 비즈니스의 정점에 있을 때의 연봉은 1998년 기준으로 350만 달러(약 40억 원)였고, 그 외 스톡옵션과 상여금을 합해 1500만 달러(약 167억 원)를 받았다. CNN은 2015년 그녀의 재산을 8000만 달러(약 890억 원)로 추정했다.

칼리 피오리나가 젊은이들에게

"20대, 특히 젊은 여성과 부모의 관계는 굉장히 밀접하지요. 여러분은 아마도 부모님의 인정과 사랑을 계속 유지하고 싶어 할 겁니다. 그러나 단지 부모님을 기쁘게 하려고 사는 삶은 부모님께 불효하는 삶입니다.

나 스스로 만족하고, 나 스스로 평안하고, 나 스스로 행복해야 합니다. 내 행복과 부모의 바람이 서로 충돌할 때는, 과감히 내 행복을 택해야 합니다. 서른이 넘고 마흔이 가까워지도록 '엄마 때문에, 아빠 때문에'를 입에 달고 산다면, 살아도 사는 게 아니고 어른이 되어도 어른이 아니지요.

저는 부모님에게 '내 인생은 내 것이다'라고 말하며 그분들이 그토록 원했던 로스쿨을 그만 다니겠다고 선언했습니다. 그날 나는 진정한 어른이 되었습니다. 첫 결혼에 대해 부모님이 반대했지만 저는 강행했습니다. 비록 첫 결혼에 실패했지만, 저는 후회하지 않습니다. 두 번째 결혼에서 인생의 훌륭한 배필을 만났으니까요.

　인생의 중요한 결정을 부모님이 내려준다면 그는 아직 어린아이입니다. 자신의 소중한 삶을 부모의 손에 맡기는 사람은 나이가 아무리 많아도 한낱 코흘리개에 불과하죠. 인생의 중요한 결정을 스스로 내릴 수 있을 때, 그는 진짜 어른입니다. 여러분은 어떤가요?"

"산에 오를 때 정상을 밟았는지는 중요하지 않다.
어떻게 올랐는지가 중요하다."

– 이본 쉬나드

이본 취나드
Yvon Chouinard

놀이를 일로 만든 히피

파타고니아 회장

── **비싼 등산 장비들**

"나는 등산용품을 많이 살 생각은 없었다. 등산화도 있고 스위스제 군용 나이프, 목에 걸 수 있는 플라스틱 지도 주머니도 가지고 있었다. 그래서 웬만큼은 준비가 되어 있다고 생각했는데, 이야기를 나눌수록 등산이 아니라 원정을 위한 용품을 쇼핑하고 있다는 느낌이 들지 않을 수 없었다.

두 가지 큰 충격을 받았다. 하나는 모든 게 예상 못 할 만큼 비쌌다는 것이다. 데이브가 창고에 들어가기 위해 잠시 자리를 비울 때마다 슬쩍 가격표를 들춰 보고는 오싹해지지 않을 수 없었다. 둘째는 모든 장비마다 그것으로 끝나는 게 아니라 또 다른 장비를 추가로 구입해야 한다는 것이었다. 만약 당신이 슬리핑백을 샀다고 하면 그것을 집어넣기 위한 주머니를 추가로 구입해야 한다. 주머니 가격만 29달러. 나로서는 정말 받아들이기 어려운 현실이었다.

숙고에 숙고를 거듭한 끝에 매우 비싼 그레고리 배낭을 사기로 결정했다. 그는 당대 최고의 배낭이라고 치켜세운 뒤 바로 '자, 이제 그 배낭을 묶을 끈은 어떤 걸로 살래요?'라고 물었다."

- 빌 브라이슨《나를 부르는 숲》

필자는 등산을 좋아한다. 6주 과정인 코오롱 등산학교 정규반을 마쳤고 6000미터급 안데스산맥 원정도 다녀왔다. 인수봉 바위에 달라붙어보기도 했고, 영하 20도를 넘나드는 한겨울 한라산 폭설 속에서 잠을 잔 적도 있다. 자일과 프렌드(바위틈에 넣어 밧줄을 끼우는 데 도움을 주는 쇠붙이) 같은 암벽 등반 도구, 구스다운 침낭, 고어텍스 재킷, 비브람 등산화 등 등산 장비 구입에 들어간 돈을 저축했다면 아마 외제차 한 대는 뽑았을 것이다.

등산 장비는 꽤 비싸다. 본격적으로 등반을 하는 사람들은 장비 구입에 돈을 아끼지 않는다. 왜? 의류를 포함한 모든 등산 장비는 등반가에게 몸과도 같기 때문이다. 장비가 좋으면 컨디션도 좋아지고 장비가 나쁘면 컨디션도 처진다. 장비는 산에 오르는 사람의 생존을 좌우하기도 한다. 등산 장비 역시 비싼 것일수록 제값을 한다. 따라서 장비 살 돈을 아끼는 것은 생명을 단축시킬 수도 있는 어리석은 짓이다.

현재 한국에서 가장 비싼 가격에 판매되고 있는 등반 장비 브랜드 중 하나는 '파타고니아'이다. 전 세계에서 공히 최고의 브랜드로 손꼽힌다. 이 파타고니아의 창립자는 이본 취나드(1938~)이다. 이본 취나드에 대해 산악 문학가 심산은 이렇게 말한다.

"매출액 규모로 봐도 이미 억만장자 대열에 올라선 사람인데, 그가 추구하고 있는 삶의 방식은 더없이 소박하기만 하여 어이가 없을 지경이다. 이본 취나드는 전형적인 '아날로그형 인간'이다. 그는 아직도 1960년대에 만들어진 폭스바겐을 타고 다니며 트랜지스터라디오를 즐겨 듣는다. 그가 가장 좋아하는 요리는 친구들과 함께 바닷가에 나가 주워 온 조개로 끓이는 조개탕이다."

이본 취나드는 미국 메인주 리스본에서 태어났다. 부모는 프랑스계 캐나다인이다. 그의 이름 이본Yvon은 프랑스 이름 이본느Yvonne의 남성형이다.

이본 취나드는 고등학교 때부터 공부보다는 등산과 서핑을 하는 데 더 골몰했다. 정규교육에서 어떠한 흥미도 발견할 수 없었기 때문이다. 그는 고등학교를 자퇴한 것으로 알려져 있다. 해외의 경제 전문지들은 때때로 그를 가리켜 "가장 크게 성공한 고교 중퇴자"라는 식의 인터뷰를 싣곤 한다. 이본 취나드 본인은 '1956년 고등학교를 거우 졸업하고

2년간 커뮤니티 칼리지를 다녔'고 밝힌 바 있다. 그는 학창 시절에 대해 이렇게 이야기했다. "제가 원하는 것이 무엇인지를 분명히 알았고, 학교에서는 그것을 배울 수 없었기 때문에 그만둔 것뿐입니다. 제 인생에서 가장 아까웠던 시간은 학교에서 수학 공식을 외우던 시간이었습니다."

대단하다. '내가 원하는 것이 무엇인지 분명히 알고 있고, 학교에서는 그것을 배울 수 없어서 고등학교를 중퇴한다'고 말할 수 있는 고등학생이 얼마나 될까?

──── 한국에 바윗길을 만들다

이본 취나드는 사업가이기 이전에 세계 산악 역사에 큰 획을 그은 등반가이다. 그는 겨우 열아홉 살이던 1957년에 암벽 등반에 필수적인 피톤(바위에 박아 넣는 P자 모양의 강철못)을 개발했다. 그가 만든 강철 피톤은 1960년대 말까지 전 유럽에 보급되었다. 이본 취나드는 존 살라테라는 미국인에게 피톤 제작 기술을 전수받았으나 그 후 자신의 독창적인 아이디어를 더해 여러 모델을 제작했다. 사실 피톤 제작 기술이란 게 대단하진 않다. 피톤은 말 그대로 P자 모양으로 생긴 못이다. 대장장이라면 누구나 만들 수 있다.

'등반 용구 개발의 귀재'라고 불리는 이본 취나드는 여러 차례 반복해서 사용해도 형태가 변하지 않는 나이프 블레이드, 부가부, 봉과 같은 장비를 만들어 보급한다. 1960년대는 미국의 요세미티 국립공원 안에 있는 하프돔, 엘 캐피탄 등의 거벽(우리나라로 치면 인수봉 같은 바위)에 새로운 길이 열리면서 세계의 이목이 집중되던 시기였다. 이본 쉬나드는 이 바위를 오르면서 자신만의 장비를 만들어 사용했다. 거대한 바위 벽에 달라붙어 있는 그의 모습은 유럽의 산악인들에게 자극이 되었다. 이전까지 연철 피톤을 사용하던 유럽 산악인들은 그의 강철 피톤을 사용하기 시작했고 이후 이본 쉬나드의 장비들은 인기리에 보급되었다.

이본 쉬나드는 1962년부터 2년 동안 한국에서 군복무를 했다. 이때 그는 고문관 같은 군 생활을 했다. 상관에게 경례를 하지 않는 것은 보통이고, 복장 불량에다 단식투쟁을 일삼았다. 상급자에게 바락바락 대들다가 군법 회의에 회부한다고 하면 그제야 잘못했다고 비는 등 말썽만 부렸다(한국군이었으면 벌써 영창에 갔을 텐데). 그러다 1963년 9월, 한국인 친구 선우중옥과 함께 북한산에 올랐다. 얼마나 올랐을까? 깔딱고개를 넘어선 그는 탄성을 질렀다.

"와우! 서울에 이런 바위가 있다니!"

그의 눈앞에 아담한(요세미티의 거벽들에 비하면) 봉우리가 나타났다. 인수봉이었다(바위 길이가 인수봉은 90미터, 엘 캐피탄은 900미터). 우리나라의 대표적인 산꾼이었던 선우중옥이 기존 코스 몇 개를 설명하자 그는 바위를 올려다보더니 "여기 그리고 저기, 새로운 코스 두 개가 보인다"라고 말했다. 그리고 단박에 바위에 달라붙어 오르기 시작했고 곧 인수봉 정상에 올랐다. 그동안 아무도 오르지 않았던 새로운 루트-그것이 처음 그 코스로 오른 사람의 이름을 딴 '쉬나드A길', '쉬나드B길'이 되었다. 이 코스는 지금도 인수봉을 찾는 많은 암벽 등반가들에게 사랑을 받고 있다.

필자 역시 이 코스를 오른 적이 있는데 몇 번이나 추락할 뻔하다가 겨우겨우 올라갔다. 크랙(바위틈)에 손을 넣어 힘을 주면서 가다 쉬고 가다 쉬며 올라가야 했다. 산악인들 사이에 악명이 높은, 꽤 어려운 루트였다. 이 코스를 이본 취나드는 한 번에 올라갔다 하니, 그의 등반 기술이 얼마나 대단했는지 짐작하게 한다.

── 놀면서 일하기

한국에서 군복무를 마친 이본 취나드는 미국으로 돌아가 엘 캐피탄의 노스아메리카월 초등, 뮤어월 초등, 캐나디안 로키의 에디트 카벨 북벽 온 사이트(On sight-사전에 조사하지 않고 현장에서 바로 올라가는 것) 초등 등 두드러진 업적을 남긴다. 이본 취나드는 등반을 할 때 불확실성을 가장 중요한 요소로 꼽았다. 오늘날에는 정보가 풍부해지면서 불확실성이 점점 사라지고 있다고 지적한 그는 "등반은 모험으로 남아 있어야 한다"라고 강조했다.

이본 취나드는 부탄 히말라야의 6000미터급 산 하나를 초등하고 나서 자신이 작성한 루트 개념도를 찢어버린 뒤 어떠한 기록도 남기지 않았다. "다음에 오는 사람도 초등자의 기쁨을 만끽하도록" 하기 위해서였단다. 경제적으로는 이미 세계적인 거부巨富가 되었지만 마음만은 여전히 가난하고 자유로운 히피로 남아 있는 셈이다.

이본 취나드의 청년 시절은 무전취식, 암벽 등반, 여행, 서핑, 야영으로 뒤범벅되어 있다. 한마디로 그는 놀이의 귀재였다. 그는 놀면서 늘

1964년 요세미티 엘 캐피탄 등반에서 동료들과 함께한 이본 취나드(맨 오른쪽)

생각했다. '어떻게 하면 더 재미있게 놀 수 있을까?' 그는 암벽 등반에 가장 많은 흥미를 느끼고 있었다. 틈만 나면 요세미티로 달려가 바위에 매달렸는데, 오를 때마다 그는 생각했다. '어떻게 하면 더 빨리 오를 수 있을까?' '어떻게 하면 장비를 더 효율적으로 사용할 수 있을까?'

그는 왜 바위에 달라붙어 장비 개량을 생각했을까? 그는 왜 자연 속에서 인간을 생각했을까? 그는 왜 암벽과 마주하는 순일의 시간에 시장에 내놓을 상품을 구상했을까?

"산을 왜 오르는가?"에 대한 가장 유명한 대답으로 "산이 거기 있기 때문에"라고 말한 영국 산악인 조지 맬러리의 문구가 인용되곤 한다. 그렇다면 바위에는 왜 오르는가? 록 클라이머들은 '바위를 한다'고 말

요세미티 암벽 등반에 앞서 장비를 준비하고 있는 이본 취나드(1969년)

한다. 도대체 바위를 왜 하는가? 이에 대한 가장 훌륭한 답을 필자는 세계적인 경영 사상가 짐 콜린스의 말에서 찾았다.

"암벽을 좋아하는 이유는 그것이 극도로 실제적(real)이기 때문입니다. 중력은 핑계에 철저히 무관심합니다. 중력은 당신이 '죄송해요. 아직 숙제가 덜 됐어요'라고 말하도록 내버려두지 않습니다. 실수를 하든 말든, 발을 헛디디든 말든 중력은 상관하지 않습니다."

세계적인 베스트셀러 《좋은 기업을 넘어 위대한 기업으로》를 쓴 짐 콜린스는 14세 때부터 바위를 '한' 사람이다. 중력이 우리의 핑계에 무관심하다는 대목에 이르면, 노자가 말한 '자연은 무자비하다'는 명제가 떠오른다. 중력이나 자연 못지않게 냉정하고 무자비한 것이 인간 사회이다.

이본 쉬나드는 알고 있었던 것이 아닐까? 내내 바위에 붙어 놀기만 한다면, 자신이 곧 냉혹한 인간 사회에서 소외되고 말 것임을. 유흥이 유흥으로 끝나버릴 때, 자신의 인생은 나락으로 떨어지고 말 것이라는 사실을. 회사의 대표인 자신이 나태해지면 시장은 자신의 회사를 퇴출시키고 말 것임을. 자연에서 얻은 교훈을 사회에 적용하지 않으면 누구라도 도태되지 않을 수 없다는 것을.

—— 환경에 눈뜨다

이본 쉬나드는 자연과 인간이 갖는 일체성과 각각의 개별성을 누구보다 잘 알고 있었다. 피톤을 개량했던 그는 어느 날 요세미티를 방문하고 충격을 받았다.

"엘 캐피탄 노즈 루트를 방문해보니 몇 해 전만 해도 태고의 모습을 간직하고 있던 곳들이 차마 눈 뜨고 볼 수가 없을 정도로 망가져 있었다. 사람들이 이곳저곳에 쇠못을 박고 등반을 했기 때문이었다. 나는 피톤 생산을 아무래도 축소시켜야겠다고 생각했다. 이 조치는, 처음으로 내가 자연을 사랑하고 환경 문제를 심각하게 생각해야겠다는 의지를 반영한 것이었다. 피톤은 우리 사업의 근간이었지만 그 때문에 우리가 사랑하는 암벽 자체가 훼손되고 있었던 것이다."

'어떻게 하면 바위에 손상을 주지 않고 등반을 할 수 있을까?' 이런 생각은 그로 하여금 바위에 직접 박아 넣는 피톤보다는 바위에 넣었다 뺐다 할 수 있는 장비인 러프와 스토퍼 같은 것을 개발하는 데 몰두하게 했다.

이본 쉬나드는 사업을 하면서 틈만 나면 산에 올랐다. 바위에 매달려 자고, 해가 지면 그대로 풀 위에 침낭을 깔고 잤다. 숲속 식용 식물을 따서 먹고, 토끼나 뇌조를 사냥해 구워 먹기도 했다(웬 수렵 생활?). 배고프면 먹고, 졸리면 자고, 해가 뜨면 다시 바위에 달라붙었다. 그는 40세가 될 때까지 이런 히피 같은 생활을 했다.

편안한 집을 놔두고 산과 들에서 야영하며 고생을 자처한 그는 그 노숙 생활 속에서 느끼는 불편함을 장비에 반영했다. 이본 쉬나드는 노는 데 귀재였으나 더 높은 차원의 놀이를 위해 늘 의문을 품고 그 의문을 해결했다. 이 모든 탐구 과정을 사업으로 연결하는 데도 일가견이 있었다.

──── 왜 칙칙한 옷만 입어야 해?

젊은 이본 쉬나드가 등반에 심취해 있던 1960년대, 사람들은 평상시에 입던 셔츠와 바지를 입고 등반을 했다. 특히나 남자들은 회색이나 어두운색 옷을 입었다. 여름 등반을 위해서는 반으로 자른 청바지면 충분했다. 그는 생각했다. '왜 등산할 때 밝고 화사한 옷을 입으면 안 되는

산을 좋아했던 이본 취나드가 직접 등반 장비를 만들어 팔면서 파타고니아가 시작되었다.

가?' 그는 1969년 영국에 놀러 갔다가 럭비 선수들의 줄무늬 유니폼을 보고 '저걸 산에 갈 때 입으면 좋겠다'는 생각을 했다. 튼튼하기도 했지만 옷깃이 있어 로프에 목이 긁히지 않는다는 이점도 있었다. 파란색, 빨간색, 노란색 줄이 교차하는 디자인은 옷을 다채롭게 보이게 했다.

　이본 취나드는 럭비 유니폼을 몇 장 사서 미국으로 돌아왔다. 그 옷을 입고 산에 갔을 때, 그는 여기저기서 "그 옷 어디서 났느냐?"라는 말을 들었다. 그는 이때 반짝이는 아이디어를 얻었다. '밝은색 등산 의류를 공급하자!' 이 생각은 획기적이었다. 이전까지는 어느 누구도 노란색, 파란색, 빨간색 옷을 입고 산에 오르지 않았다. 체크무늬 셔츠나 청바지가 등산 의류였다. 이본 취나드가 위대한 이유는 바로 등산에 패션의 개념을 도입했기 때문이다(지금은 형광빛 블링블링 의류가 아니면 등산할 때 입는 옷으로 쳐주지도 않는다. 특히 중년 아줌마들의 등산복 패션은 현란할 정도이다. 가끔은 등산 실력보다는 등산복이 더 돋보이는 사람들도 만나곤 한다. 그들은 이렇게 말한다. 산보다 패션!).

영국에서 대량 수입한 새로운 등산 셔츠(럭비 유니폼)는 금방 동이 났다. 그때까지 미국 등산 장비 시장의 75퍼센트를 점하고 있던 파타고니아사는 장비 매출만으로는 큰 이익을 보지 못했었다. 그러다가 등산 의류를 생산하고 나서 이윤이 많이 남게 됐다. 부처의 눈에는 부처만 보인다고, 이본 취나드는 설렁설렁 놀면서도 새로운 장비와 의류 개발에 여념이 없었다.

어느 여름에 바위를 타던 이본 취나드는 반바지에 주머니가 4개밖에 없다는 사실이 불만이었다. 바위에 오르려면 많은 장비가 필요한데, 바지 주머니에 이런저런 장비를 쑤셔 넣어야 했다. 그러다 보니 앞에 두 개, 뒤에 두 개만으로는 주머니가 모자랐다. 그는 한국 군복무 시절에 포켓이 여러 개 달린 군복을 입었던 것을 떠올렸다. 그는 곧바로 주머니가 주렁주렁 달린 등산용 반바지를 개발해 팔았다. 이 반바지 역시 대히트였다.

청년 이본 취나드는 잘 놀았다. 놀이가 일이었고 일이 놀이였다. 그는 등산 장비와 의류를 만들면서 한 번도 '일 때문에 피곤하다'는 생각을 해본 적이 없었다. 장비와 의류 개발 역시 그에겐 놀이였다. 더 잘 놀기 위해, 더 효율적으로 놀기 위해 그는 생각하고 연구했다. 이게 청년 이본 취나드의 남다른 점이다.

더불어 산에 오르는 사람들이 더 편리하고 즐겁게 등반을 할 수 있도록 노력했다. 그 노력의 결실이 파타고니아의 의류들이다. 그는 산에 오르는 유희 때문에 자연이 훼손되어서는 안 된다는 신념을 지니고 있었다. 그 신념의 결과가 파타고니아의 장비들이다.

리얼리티 프로그램 〈남자의 자격〉에서 뛰어난 리더십을 보여준 박칼린은 이렇게 말했다. "무엇이든 즐기지 않으면 높은 퀄리티가 나오지 않는다"라고. 즐거운 일을 하든가, 그렇지 않으면 하는 일을 즐겁게 만들든가 둘 중 하나이다. 이본 취나드는 철저히 즐겼기에 퀄리티가 높은 등산 장비를 만들 수 있었다.

2013년 5월 이본 취나드의 회사 파타고니아는 환경 및 사회적 책임이 있는 스타트업에 종자 자금을 제공하는 벤처 회사를 설립했다. 2020년 《포브스》에 따르면 그의 재산은 12억 달러(1조 3000억 원)이다. 그는 여전히 캐나다 퀘벡주에서 연어 낚시를 즐기며 건강히 인생을 즐기고 있다. 재미있게 살면서 부자도 되는 것. 누구나 바라는 바 아닐까?

이본 취나드가 설립한 아웃도어 회사 파타고니아는 연간 2억 7000만 달러 정도 매출을 올리고 있다. 이본 취나드는 프랑스식으로 발음하면 이본 슈이나르이다. 이 책에서는 그동안 알려진 대로 '취나드'로 썼다.

이본 취나드가 젊은이들에게

"'매일매일 모험을 즐기기에도 삶은 너무 짧다.' 이게 저의 좌우명입니다. 좀 과격한가요? 저에게는 아드레날린 중독증이 있는 것 같습니다. 고등학교 때부터 산으로 바다로 달려가 무작정 몇 달씩 보내곤했으니까요.

모험이란 게 뭘까요? 책상 앞에 앉아서 숫자 놀음이나 하는 건 아닐겁니다. 그건 문을 박차고 나가는 행위입니다. 집의 문, 회사의 문, 마음의 문을 활짝 열고 밖으로 나가는 것에서 모험은 시작됩니다.

놀라지 마세요. 문밖에는 여러분이 상상하는 것 이상으로 멋지고 매력적이고 황홀한 것들이 가득합니다. 흔히 우물 안 개구리라는 말을 하죠? 문 안에 있는 여러분은 언제까지나 개구리일 수밖에 없습니다. 점프해보세요. 우물 벽이 높아서, 내 다리가 짧아서, 이 안이 좋아서…. 이런 핑계를 대는 개구리는 언제나 좁은 눈을 가질 수밖에 없습니다.

저는 파타고니아사의 직원들에게 이렇게 말합니다. '파도가 높은 날에는 회사 문을 나가서 서핑을 하라'고. 캘리포니아 벤투라에 있는 우리 회사는 해변에 가까이 있거든요. 물론 파도가 좋을 때는 저 역시 젊은이들과 서핑을 합니다.

1000미터 가까운 바위에 매달려 야영을 하거나, 집채만 한 파도에 몸을 맡기고 서핑을 할 때면 그런 생각이 듭니다. 우리의 인생, 그거 별 거 아니라고….

아마 여러분도 모험에 나선다면 저와 같은 생각을 하게 될 겁니다."

"좋은 기회는 언제나 어려운 경제 상황에서 만들어진다."

– 하워드 슐츠

하워드 슐츠

Howard Schultz

당신의 성지는 어디?

전 스타벅스 회장

―――― **빈민가 소년의 비애**

한 초등학생이 있다. 2남 1녀 중 장남인 그는 뉴욕 브루클린의 어느 빈민가에서 태어났다. 아버지와 어머니는 워킹푸어 Working Poor였다. 열심히 일했지만 가난했다. 이들이 사는 곳은 브루클린의 하층민이 사는 정부 임대 주택 단지였다. 부모는 가끔 아이들을 데리고 중국 음식점에 가서 외식을 했다. 메뉴를 선택하는 기준은 '어떤 것을 먹고 싶은가?'가 아니라, '아버지 지갑 속에 든 돈을 넘기지 않을 만한 메뉴는 무엇인가?'였다.

아이는 어느 해 여름에 텐트를 치고 잠을 자는 초등학생 캠프에 참가했다. 재미있게 놀다가 캠프장에 걸린 현수막을 보았다.

'빈민 아동 돕기 캠프'

아이는 갑자기 화가 나고 창피했다. 다음 해부터 그는 캠프에 참가하지 않았다. 고등학교에 들어가서 그는 뉴욕에서 온 여자 친구를 사귀었다. 여자 친구의 집을 방문했을 때, 그녀의 아버지는 그에게 몇 마디를 물어보는 동안 표정이 점점 일그러졌다.

"너 어디 사니?"

"브루클린에 사는데요."

"브루클린 어디?"

"카나지요."

"카나지 어디?"

"베이뷰 임대 주택 단지요."

"오, 이런."

여자 친구 아버지의 반응에는 확실히 그에 대한 경멸이 섞여 있었다. 다음 날부터 그는 여자 친구를 만날 수 없었다.

고등학교 미식축구 주전선수였던 그는 유니폼을 사는 데 29달러가 든다는 사실을 알고 풀이 죽었다. 어머니께 말씀드리자 "아버지가 다음 번 봉급을 탈 때까지 기다려라"라는 답을 들었다. 경기는 내일모레였다. 그는 친구에게 돈을 빌려 운동복을 사 입고 경기에 참가했다.

시애틀에서 열린 스타벅스 연례 주주총회에서 연설하는 하워드 슐츠(2016년)

—— 가난을 벗어나다

스타벅스 회장 하워드 슐츠 이야기이다. 1953년생인 그는 어릴 때부터 돈을 벌어야 했다. 아버지, 어머니 모두 안정적인 직장이 없이 일용직으로 생계를 이어나갔기 때문이다. 하워드 슐츠는 열두 살 때 신문을 돌리고 식당에서 일했다. 좀 더 커서는 맨해튼의 의류 구역에 있는 한 모피상에서 피혁 펴는 일을 했는데, 양손 엄지에 굳은살이 박일 정도로 험한 작업이었다.

편물 공장의 스웨터 가게에서 스팀다리미로 옷감을 다리며 뜨거운 여름을 보낸 적도 있다. 이때 번 돈을 그는 단 한 푼도 삥땅 치지 않고 모두 어머니께 드렸다. "어머니가 달라고 해서가 아니라 부모님이 처한 어려운 형편을 뼈저리게 느꼈기 때문"이었다. 그는 착한 아들이었다.

하워드 슐츠는 고등학교 때 "가난을 이길 수 있는 방법은 스포츠 스타가 되는 길뿐"이라고 생각했다. 그는 미식축구를 선택했고 이 선택은 결과적으로 적절했다. 카나지고등학교에서 유망한 쿼터백이었던 그는 대학 미식축구 관계자의 눈에 들어 노던미시간대학교에 미식축구 장학생으로 들어갔다. 축구를 하지 않았다면 그는 장학금을 받지 못했을 것이다.

하워드 슐츠는 대학에서 비즈니스를 전공하고 제록스사에 들어가 영업사원으로 근무했다. 이때 그는 최고의 실적을 올리면서 촉망받는 사원으로 발돋움했다. 3년 뒤 스웨덴 가정용품 회사 해마플라스트에 스카우트되었고 부사장까지 승진했다. 20개 지점을 관리하는 미국 자회사의 총 매니저 자리였다.

초임 연봉 7만 5000달러. 회사 차와 판공비를 제공받았고, 1년에 네 차례 스웨덴 방문을 포함해 어디든 무한정으로 여행할 수 있는 비행기 표까지 제공받았다. 스물여덟인 하워드 슐츠는 어린 시절의 가난을 벗어나 성공을 거머쥐었다.

그는 고급 주택들이 들어선 맨해튼의 어퍼 이스트 사이드에 멋진 아파트를 얻었다. 아름다운 여자 친구(나중에 아내가 된다) 셰리도 만났다. 셰리는 인테리어 디자이너였다. 그녀는 자신의 전공을 살려 집을 예쁘게 꾸몄다. 벽은 연어색으로 칠하고 이탈리아 가구점에서 고급 가구들도 들여왔다. 그리고 아이를 대신할 레트리버도 한 마리 입양했다. 더 바랄 게 있을까?

하워드 슐츠는 이제 상류층이었다. 주말이면 영화 감상을 즐기고 친구들과 파티를 했다. 여름 바캉스를 위해 별장을 마련하기도 했다. 부모님과 함께 고급 레스토랑에서 식사하면서 디저트로 '지긋지긋하게 가난했던 옛 시절' 한 접시를 시켜 잘근잘근 씹었다.

하워드 슐츠의 어머니와 아버지는 장남의 성공을 흐뭇한 눈으로 바라봤다. 보통 사람이라면 그 정도 수준에 만족했을 것이다. 그러나 하워드 슐츠는 왠지 모르게 불안해했다. 뭔가를 잃어버렸다고 느꼈다. 현실에 만족할 수 없었다. 도대체 그의 삶에서 무엇이 부족했을까?

—— 2퍼센트 부족한 그 무엇

그것은 '자신의 운명을 책임질 만한 그 무엇'이었다. 하워드 슐츠에게 그건 바로 스타벅스였다. 하워드 슐츠는 스타벅스를 창업한 사람이 아니다. 그는 우연한 기회에 스타벅스를 만났다. 그건 정말 운명적인 만남이었다.

해마플라스트 부사장이던 1981년, 하워드 슐츠는 시애틀의 조그만 소매업체가 드립식 커피 추출기 한 종류를 대량 주문하는 것을 알게 되었다. 회사의 이름은 '스타벅스 커피, 티 앤드 스파이스'였다. 회사의 이름 그대로 커피와 차, 향신료를 취급하는 업체였다. 당시 스타벅스는 가게를 모두 4개 갖고 있었을 뿐인데, 대형 백화점보다 더 많은 수동 커피 추출기를 구입하고 있었다. 미국의 다른 지역에서는 커피를 자동 커피머신으로 만들고 있던 때였다. 하워드 슐츠는 '도대체 무슨 일이

커피 원두가 쌓여 있는 물류 창고에서 스타벅스 커피를 마시고 있는 하워드 슐츠(1988년)

벌어지고 있는지' 알기 위해 스타벅스를 방문하기로 했다.

"나는 청명한 어느 봄날 시애틀에 도착했다. 스타벅스의 판촉 매니저인 린다 그로스맨은 유서 깊은 파이크 플레이스 마켓에 있는 스타벅스 본점으로 나를 안내했다. 문을 열자마자 자극적인 커피 향기가 나를 안으로 이끌었다. 커피를 정성껏 추출하는 모습은 마치 종교의식처럼 보였다. 닳아서 반질반질한 나무로 만든 카운터 뒤에는 수마트라, 케냐, 에티오피아, 코스타리카 등 전 세계의 커피를 담은 통이 진열되어 있었다. 그 당시 사람들은 대부분 커피 하면 캔 커피를 연상했다. 원두를 떠올리던 때가 아니었다. 그런데 진정한 원두커피만 파는 숍이 바로 여기 있었다…."

바리스타가 갓 추출한 커피를 가득 채운 머그잔을 하워드 슐츠에게 건넸을 때, 그 수증기와 향기가 그의 얼굴을 감쌌다. 그는 시험적으로 한 모금 마셨다. 단 한 모금만으로도 그가 그때까지 마셨던 그 어느 커피보다 강하다는 것을 느낄 수 있었다. 한 모금 더 마셨다. 이번에는 더 깊고 꽉 찬 향기를 맛볼 수 있었다. 세 번째 모금을 마시면서 그는 커피 맛과 향에 열중하게 되었다. 그는 말했다.

"마치 신대륙이라도 발견한 느낌이었다. 지금까지 마셨던 커피는 커피도 아니었다."

───── 스타벅스 커피에 꽂히다

이날 하루 동안 하워드 슐츠는 스타벅스 숍과 원두 배전 공장(커피 원두를 볶는 공장)을 돌아보고 스타벅스의 창업자인 제리 볼드윈과 고든 보우커를 만났다. 하워드 슐츠는 제리 볼드윈과 고든 보우커를 포함한 스타벅스의 모든 것에 완전히 반해버렸다. 그는 호텔로 돌아와 셰리에게 이렇게 전화했다.

"나는 지금 하나님의 나라에 와 있어! 이제야 어디에서 살고 싶은지 알 것 같아. 바로 워싱턴주 시애틀이야. 마침내 나는 성지에 도착한 거야!"

하워드 슐츠의 성지는 스타벅스가 태동한 시애틀이었고, 그의 성경은 커피를 맛있게 만드는 레시피였다. 그의 창은 신선한 원두였고, 그의 방패는 원두 볶는 기술이었으며, 그의 복음은 신선한 커피 한 잔이었다. 하워드 슐츠는 시애틀의 스타벅스 본사를 방문한 그날부터 커피에 꽂히고 말았다. 그는 이제 '어떻게 하면 이 커피를 미국 전역의 사람들이 맛보게 할 수 있을까?'만 생각하게 되었다.

자신만의 성지인 스타벅스에 합류하고 나서 하워드 슐츠는 모든 것을 처음부터 다시 시작했다. 몇 달 동안 커피를 볶고 최적의 커피를 만드는 교육을 받았다. 사람들에게 신뢰를 심어주고 카운터에서 직접 손님들의 주문을 받았다. 고객들과 이야기하고 매장을 청소했다.

그는 한 사람의 대표이사였는데도, 마치 갓 들어온 신입사원처럼 행동했다. 신천지에 처음 발을 디딘 사람은 누구나 그곳에 사는 사람들에게 어린아이 같은 마음으로 배워야 한다. 커피 메이킹을 기본부터 착실히 배운 하워드 슐츠는 커피 로스팅의 마지막 단계로, 다양한 배전 방법을 구별하는 테스트를 거쳤다. 스타벅스 창업자들에게 "테스트 합격!"이란 소리를 들었을 때, 그는 마치 기사 작위라도 받은 듯한 기분이 들었다.

하워드 슐츠의 어린 시절과 성장 배경을 훑어보면, 그 어디에도 그가 세계 최고의 커피 전문점 대표가 되리라는 조짐이 보이지 않는다. 그가 커피와 관련해 기억하는 유일한 것은 그의 어머니가 인스턴트커피를 탈 때 보글보글 물 끓던 소리가 들렸던 것뿐이다. 어릴 때부터 커피를 좋아했다든지, 커피 농장에서 원두를 땄다든지, 부모님이 특별한 커피를 마셨다든지 하는 경험은 전혀 없다. 그랬던 그가, 어느 날 갑자기, 느닷없이 시애틀의 한 커피점에서 마신 커피 한 모금 때문에 인생을 바꾸게 되었다.

스타벅스 본사는 제리 볼드윈과 고든 보우커가 1971년 창업했다. 앞서 말했듯 창업한 지 10년이 지나도록 숍은 4개에 불과했다. 하워드 슐츠는 스타벅스 창업자들을 무려 1년 동안 설득해서 그들의 파트너가 되었다. 지분을 나눠 받고 마케팅 담당자가 된 것이다. 스타벅스는 하워드 슐츠라는 경영인을 만나 질과 양 면에서 모두 눈부신 성장을 거두었다. 2009년 말 기준으로 스타벅스는 전 세계 50여 개국에 1만 6700개 매장을 갖고 있다. 또 10만 명이 넘는 직원이 일하고 있다.

── 스타벅스는 스타이다

스타벅스는 왜 훌륭한가? 스타벅스가 커피와 문화를 결합한 곳이라고? 맞다. 그러나 스타벅스보다 더 문화적인 카페도 많다. 스타벅스가 미국 자본주의의 상징이라고? 맞다. 그러나 그런 식으로 말하면 맥도날드가 화낸다(스타벅스를 비난하는 사람들도 미스터 도넛은 먹는다. 근데 미스터 도넛은 일본 자본이다). 스타벅스가 여피의 액세서리라고? 맞다. 미식가를 위한 좀 더 좋은 커피 만들기에서 스타벅스는 시작했다.

그러나 스타벅스의 본질은 '최고의 원두와 최적의 로스팅을 통해 최상의 커피 제공한다'는 것이다. 그 이외의 요소가 오늘날의 스타벅스를 만들었다고 하는 말들은 본질을 제쳐두고 부산물을 분석하는 꼴이다. 그건 마치 음악이 좋아서 돈가스 가게에 간다고 하거나 의자가 편해서 갈빗집에 간다고 말하는 것과 마찬가지이다(필자는 개인적으로 한국 내의 모든 브랜드 커피를 통틀어 스타벅스를 최고로 친다. 스타벅스 커피에 비하면 카페 뭐뭐 같은 커피는 정말 탄 보리차에 불과하다. 스타벅스 커피는 냄새부터 다르다. 신선하고 상큼하며 커피 본연의 깊은 맛을 전해준다).

스타벅스 이전에 미국 사람들은 주로 싸구려 원두커피나 캔 커피 또는 인스턴트커피를 마셨다(필자도 여전히 이것들을 마신다). 고급 원두커피는 소수의 미식가나 상류층 사람들만 마셨다. 스타벅스가 미국 내에서 '최상품 커피의 대중화'를 이뤄낸 회사인 것만은 틀림없다.

기업 가치 면에서도 스타벅스는 성공적인 모델이다. 1992년 나스닥의 스타벅스 주식에 1만 달러를 투자한 사람은 그로부터 14년 뒤 65만 달러를 손에 쥐었다. 1992년 이후 미국 증시의 S&P 지수는 200퍼센트, 다우지수는 230퍼센트, 나스닥은 280퍼센트 성장했다. 스타벅스는? 자그마치 5000퍼센트이다! 그야말로 증시의 스타였다.

—— 스타벅스의 경영 윤리

《포천》은 '존경받는 기업'에 스타벅스를 선정했고, 《비즈니스 위크》는 세계 최고의 브랜드로 스타벅스를 꼽았다. 《비즈니스 에틱스》는 2010년 '사회적 책임을 다하는 기업, 가장 윤리적인 기업'으로 스타벅스를 택했다.

스타벅스의 훌륭한 점은 또 있다. 스타벅스의 경영자들은 스타벅스에서 일하는 사람들을 사원 또는 종업원이라 부르지 않는다. 파트너라고 부른다. 미국에서 파트너는 동업자라는 뜻이다. 지분을 갖고 경영에 참여하는 사람을 말한다. 내가 어떤 회사의 파트너라면 나는 그 회사의 공동 대표이다. 실제로 스타벅스는 직원들에게 스톡옵션을 나눠준다. 스타벅스는 다국적 기업으로는 거의 유일하게 정규직과 파트타임 직원 전원에게 '의료보험 실시'와 '스톡옵션 부여'라는 두 가지 혜택을 제공한다.

케냐에서 미국으로 이주한 스타벅스 파트너 오몰로 가야는 시애틀의 스타벅스 지원센터의 커피 테이스팅 룸에서 근무하며 스톡옵션을 받았다.

"6년 정도 일한 뒤에 스톡옵션을 현금으로 바꿨습니다. 2만 5000달러 수익이 생겼죠. 그걸 케냐에 보냈는데, 어머니께서 방 네 개짜리 집을 샀다고 하시더라고요. 여긴 내 회사예요. 내가 주인이죠. 내가 훌륭한 대우를 받은 만큼 여길 훌륭하게 만들어야겠다는 책임감을 느낍니다"(갑자기 스타벅스에 취직하고 싶어진다).

────── **직원은 파트너이다**

파트너 개념은 하워드 슐츠의 머리에서 나온 것이다. 그는 '선량하면서도 열심히 일하지만 늘 가난할 수밖에 없었던' 아버지에 대한 연민과 동정을 마음속 깊이 품고 있었다. 부모님 두 분 다 동시에 두 개 이상 직업을 가지고 일했지만 의료보험도 없었고 노동재해보상도 받을 수 없었다.

아버지 프레드 슐츠가 다리를 다쳐 병원에 누워 있어야 했던 3개월 동안 슐츠 가족의 걱정거리는 '어떻게 돈을 꾸어 연명하고 어떻게 빚쟁이들을 따돌릴 수 있나?'였다. 아버지는 부상에서 회복된 뒤에도 트럭 운전, 공장 노동, 택시 기사 등을 전전해야 했다. 하워드 슐츠는 일을 하지 못하고 풀이 죽어 있던 아버지의 모습이 가슴 아프게 자신의 기억 속에 남아 있다고 고백한 적이 있다.

이런 기억들은 하워드 슐츠가 나중에 회사를 만들면서 '직원 우대' 정책을 만드는 데 밑바탕이 됐다. 그는 파트타임으로 일하는 직원이라 해도, 회사가 얻은 이익을 골고루 나눠 갖게 하자는 생각을 했다. 그래야 아버지 같은 워킹푸어가 한 사람이라도 줄어들 게 아닌가?

회사가 파산하여 직원들에게 줄 연금조차 없을 때에도 월스트리트의 CEO들은 수백만에서 수천만 달러에 이르는 퇴직금을 챙겨 달아나는 것이 현실이다. 국제금융위기 사태를 불렀던 미국발 서브프라임 사태 때도 파생금융 상품을 만들었던 회사의 대표들은 수십억 원씩 받고 물러났다. 자본주의 사회라면 어디나 마찬가지이다. 사원들은 둘째이고 오너와 오너 2세들이 최고인 것처럼 여겨진다. 우리나라는 안 그런가? 회사 대표는 수억, 수십억을 주무르면서도 말단 직원은 받을 돈을 못 받아 아우성인 곳이 한두 군데가 아니다. 이런 현실에서 하워드 슐츠의 파트너 개념은 신선하고 존경스럽다.

스타벅스 경영에 있어서도 그는 '친환경 기업', '공정 무역 기업'을 전면에 내세우고 있다. 제3세계에서 생산되는 커피는 세계 최대의 무역 품목 중 하나이다. 그 커피를 한 잔에 3~5달러를 주고 척척 마시는 사람들은 선진국의 잘사는 사람들이다.

선진국 국민이 마시는 커피를 생산하는 아시아, 아프리카, 남아메

리카의 농민들은 최저생계비를 받고 가난에 허덕이는 사람들이다. 스타벅스는 이와 같은 모순을 해결하기 위해 커피 생산 농가를 지원하는 프로그램을 실시했다.

스타벅스 홍보는 이쯤 하고, 우리에게 청년 하워드 슐츠가 주는 금언은 무엇인지 생각해보자.

"당신의 성지를 찾아라!" 이것 아닐까?

하워드 슐츠가 대기업 부사장의 자리를 박차고 스타벅스라는 신천지를 개척하기로 했을 때, 그는 이렇게 말했다. "나만의 성지를 찾았다"라고. 높은 연봉, 회사에서 제공하는 차와 판공비, 여행할 수 있는 권리, 뉴욕 상류층의 생활을 모두 버리고 새롭게 시작하겠다고 했을 때, 그는 제정신이 아니었다. 당시 하워드 슐츠를 둘러싼 '제정신이었던' 사람들은 그에게 이렇게 말했다.

"그건 불가능해!"

"말도 안 돼!"

"왜 그렇게 어려운 길을 가려고 해?"

하워드 슐츠는 심지어 스타벅스 창업자들에게 '당신은 스타벅스에 합류할 수 없을 것이다'라는 통보를 받기도 했다. 그때 하워드 슐츠는 설득에 설득을 거듭한 끝에 동업자가 되었다. 만약 하워드 슐츠가 스타벅스 창업자들의 거부를 그대로 받아들였다면 오늘날의 스타벅스 제국은 없었을 것이다. 하워드 슐츠는 그때의 경험을 되새기며 이렇게 술회했다.

"인생이란 '놓칠 뻔한' 순간들의 연속이다. 만약 내가 그때 아무런 항변 없이 그들의 결정을 받아들이기만 했다면 오늘날 나는 어땠을까? 이런 생각을 지난 15년 동안 종종 해왔다. 너무나도 여러 번 '그건 불가능합니다'라는 말을 들었다. 그럴 때마다 나는 '다시 한번, 그리고 또 다시 한번'을 외치면서 모든 인내와 설득을 동원해서 일을 성사시켰다."

위대한 제국의 황제에게는 이렇게 독한 면이 있었다. 어느 누구도 청년 하워드 슐츠의 의지와 열정을 당해낼 수는 없었다. 하워드 슐츠는 또 이렇게 말했다.

"매일매일 당신은 친구, 가족 그리고 동료들에게 힘들게 노력하지 말고 인생의 쉬운 길을 가라는 압력을 받는다. 그래서 현재 상황을 거부하고 그들의 기대와 다르게 행동한다는 것은 쉬운 일이 아니다. 그러나 진실로 자신과 자신의 꿈을 믿는다면 스스로 해낼 수 있다. 그 어떤 위대한 업적도 우연히 이루어지는 것은 없다."

—— 당신의 성지와 복음은 무엇인가?

하워드 슐츠 이전에 스타벅스 본사에서 에스프레소를 마셔본 사람은 많았다. 제리 볼드윈과 고든 보우커처럼 커피에 목숨을 걸고 전문점을 차린 사람도 있었고, 하워드 슐츠보다 커피 맛을 더 잘 구별하고 커피를 더 잘 만드는 바리스타도 얼마든지 있었다. 그런데 왜 유독 하워드 슐츠가 스타벅스를 세계적인 기업으로 만들 수 있었던 것일까?

하워드 슐츠는 자신만의 성지를 갖고 있었다. 그 성지는 시애틀의 오리지널 스타벅스였고, 동시에 전 세계 사람들이 즐기는 오늘날의 모든 스타벅스이다. 그는 뉴욕 동부 사람이었고, 시애틀은 서부였다.

세상에서 제일 맛있는 커피를 맛본 순간 하워드 슐츠는 이렇게 생각했다. '어떻게 하면 이 커피를 뉴욕의 내 친구들에게 맛보게 할 수 있을까?' 스타벅스에 합류한 뒤 그는 또 이렇게 생각했다. '어떻게 하면 이 커피를 미국 전역의 사람들에게 선보일 수 있을까?' 스타벅스의 CEO가 된 뒤에는 당연히 이렇게 생각했다. '어떻게 하면 이 맛있는 커피를 전 세계 사람에게 선사할 수 있을까?'

스타벅스 창업자인 제리 볼드윈과 고든 보우커가 최초로 복음을 전해 들은 사람이라면, 하워드 슐츠는 그 복음을 들고 땅끝까지 가서 전한 사람이다. 그는 진정 커피계의 사도 바울이었다. 누구에게나 성지가 있고 복음이 있다. 문제는 그 성지가 어디이며, 그 복음을 어떻게 전할 것인가이다.

《포브스》에 따르면 2020년 기준으로 하워드 슐츠의 재산은 47억 달러(5조 2400억 원)이다.

하워드 슐츠가 젊은이들에게

"뭔가 일이 잘 풀리지 않을 때는 여행을 떠나보는 것도 한 방법입니다. 제가 시애틀에서 스타벅스를 발견했듯이, 여러분도 인생을 운명처럼 뒤흔들 어떤 계기를 만나게 될지도 모르니까요.

저의 청춘 시절은 불우했습니다. 하류층이 사는 곳에서 하류층 아이들과 어울렸죠. 대학을 졸업하고 근사한 직장에 취직해서 부자들이 사는 동네에 살게 됐지만, 그래서 대체로 만족스러운 삶을 영위했지만 저는 늘 목마른 상태였습니다. 스타벅스를 발견하기 전까지는.

스타벅스라는 작은 점포가 왜 저를 그렇게 사로잡았는지 한마디로 설명하기는 어렵습니다. 어느 날 마신 와인 한 잔이 우리 인생에 느닷없이 개입하듯이, 시애틀에서 마신 커피 한 잔이 그렇게 제 인생에 끼어들었다고 할까요? 그건 정말 천운이었습니다.

제가 뉴욕에서 어설픈 중상류층 생활에 만족했더라면, 시애틀의 커피숍에서 들어온 특별한 커피 메이커 주문을 눈여겨보지 않았더라면, 그것 때문에 시애틀까지 가봐야겠다는 생각을 하지 않았더라면 아마 오늘날의 저는 없었을 겁니다.

가끔은 지금 여기의 삶에서 한발 벗어나 훌쩍 떠나보는 것도 방법입니다. 현재 하고 있는 일이 마음에 들지 않거나 뭔가 부족하다는 생각이 든다면, 단순한 여행이 아닌 운명 찾기 여행을 권유합니다.

당신의 삶을 바꿀 그 무엇을 만나기를, 굿 럭!"

"자신을 이 세상 누구와도 비교하지 마라.
만약 그렇다면 그것은 스스로를 모욕하는 것이다."

– 빌 게이츠

빌 게이츠

Bill Gates

내 것을 지켜라

마이크로소프트 회장

───── **세계 최고의 부자**

빌 게이츠에 대한 설명이 따로 필요할까? 그는 2020년 《포브스》가 선정한 세계 최고의 부자 중 한 사람이며, 재산은 1220억 달러(136조 6000억 원)에 달한다. 그에겐 사실 이런 순위는 별 의미가 없다. 빌 게이츠는 인류 역사를 통째로 바꿔놓았다. 그는 개인용 컴퓨터 소프트웨어의 운영체제를 개발한 사람이다. 그가 열아홉 살에 만든 마이크로소프트는 우리를 지난 수백만 년과는 전혀 다른 차원의 세계로 들어서게 했다.

빌 게이츠 이전의 인류는 다른 피조물들과 크게 다르지 않았다. 다리를 움직여 이동해야 했고, 낮에는 일하고 밤에는 잠을 잤다. 시간과 장소를 정해 만나야 했고, 눈으로 보아야 믿었다. 지구 반대쪽에서 일어나는 일 따위에는 관여할 수 없었다.

빌 게이츠 이후의 인류는 동시에 많은 일을 하게 됐고(이 때문에 격무에 시달리는 사람도 있지만), 천 리 밖을 내다볼 수 있게 됐으며 언제 어디에서든 서로 소통할 수 있게 됐다. 인간의 지식과 지혜는 신과 맞먹게 됐다. 빌 게이츠는 현대의 프로메테우스이다. 그리스 신화의 프로메테우스는 신에게 노여움을 사서 독수리에게 간이 파먹히는 형벌을 받았지만, 빌 게이츠는 프로메테우스가 묶여 있던 지역의 부동산을 모두 사들여 공원으로 만들 수 있는 힘과 부를 갖고 있다. 그러므로 역사상 가장 위대한 부자는 빌 게이츠가 맞다.

빌 게이츠의 청년 시절은 이미 작가 수천 명이 수만 권 책으로 만들어 수억 사람에게 알렸다. 이 와중에 누구나 알고 있는 에피소드를 늘어놓는다는 것은 지면 낭비이다. 필자가 빌 게이츠의 청년 시절 중 주목하는 것은, 그의 '내 것에 대한 방어'이다.

컴퓨터 소프트웨어의 발명만큼이나 중요한 소프트웨어 저작권에 처음 눈뜬 사람이 바로 빌 게이츠이고, 그걸 지키기 위해 애쓴 사람도 빌 게이츠이다. 그가 자신의 저작권을 지키기 위해 스무 살 무렵부터 투쟁하지 않았다면 오늘날 마이크로소프트가 이만큼 발전하지 않았을지도 모른다.

빌 게이츠는 고등학교 시절부터 이미 컴퓨터 천재로 통했다. 나중에 마이크로소프트를 함께 만든 그의 친구 폴 앨런이 프로그램 개발에 더 깊숙이 관여하고, 자신은 협상과 비즈니스에 몰두하긴 하지만.

빌 게이츠는 시애틀의 레이크사이드 고등학교에 다닐 때 시의 교통량 측정 프로그램을 만들어 판매했다. 고등학교를 졸업할 때는 1600점 만점인 대학수학능력 시험에서 1590점을 맞고 하버드대학교 법대에 진학했다. 그의 아버지가 유명한 변호사였기 때문에 그 또한 법학을 전공으로 택했다. 그러나 대학에 들어가서 그는 경제학과 수학을 더 즐겼다.

─── MS 제국의 시작

1974년, 대학 2학년 때 그는 마이크로소프트를 세웠다. 회사를 만든 이유는 그 당시 새로 나온 컴퓨터 알테어 8800 때문이었다.

"어느 날 나는 친구 폴 앨런과 함께 하버드 스퀘어에 서서《파퓰러 일렉트로닉스》에 실린 조립 컴퓨터 사진에 눈길을 주고 있었다. 최초의 본격 개인용 컴퓨터에 관한 이 기사는 우리를 흥분으로 몰아넣었다. 폴 앨런과 나는 그것이 정확히 어떤 용도로 쓰이게 될지는 몰랐지만, 아무튼 그것이 우리 자신과 컴퓨터 업계를 변화시킬 것이라고 믿었다. 우리의 판단은 옳았다. PC 혁명이 일어났고, 그 혁명의 파고는 인간의 수많은 생활을 바꾸어놓았다. 우리는 미처 꿈도 꾸지 못했던 세계에 발을 들여놓게 되었다."

빌 게이츠는 알테어 8800을 만든 회사인 MITS Micro Instrumentation and Telemetry Systems의 에드 로버츠에게 전화를 걸어, 알테어에 맞는 컴퓨터

베이식 언어를 개발하고 있는데 구입할 의사가 있느냐고 물었다. 에드 로버츠는 오케이 사인을 보냈다. 빌 게이츠와 폴 앨런은 이때부터 두 달 동안 미친 듯이 작업에 몰두한 끝에 알테어 8800을 위한 베이식 언어를 개발했다. 그리고 곧바로 뉴멕시코주 앨버커키의 MITS 본사로 날아갔다. 이들은 베이식 언어 프로그램을 MITS에 판매하고 3000달러를 받았다. 여기에서 멈추었더라면 빌 게이츠는 그저 컴퓨터 혁명 초기에 잠시 등장하는 인물로 머물렀을지도 모른다. 하지만 그의 야심은 우주만 했다. 베이식 언어를 판매하기 위해 아예 회사를 만들기로 했다. 컴퓨터 혁명을 이룬 마이크로소프트는 이렇게 탄생했다.

빌 게이츠가 만든 최초의 컴퓨터 베이식 언어를 MITS에 판매했을 때, 그는 천재적인 협상가의 모습을 보였다. 알테어 8800에 깔려 있는 모든 베이식 프로그램에 대해 일정액의 로열티를 받기로 했으며, 동시에 'MITS사는 빌 게이츠가 만든 프로그램을 파는 일에 주력한다'는 조항을 넣었다. 이 조항은 3년 뒤, 에드 로버츠와 빌 게이츠 간의 법정 소송에서 위력을 발휘한다. 에드 로버츠는 MITS를 퍼텍이란 회사에 매각하면서 빌 게이츠가 공급한 프로그램도 한꺼번에 넘기려 했다. 'MITS가 빌 게이츠에게 저작권료를 지불했으므로 베이식 프로그램도 우리 소유'라는 주장과 함께.

빌 게이츠는 6개월간의 법정 공방 끝에 승소했다. 'MITS는 베이식을 사용할 권리만 갖고 있고, 프로그램의 판매권과 소유권은 마이크로소프트에 있다'는 판결을 받아낸 것이다. 마이크로소프트는 자신들이 만든 소프트웨어에 대해 온전히 통제할 수 있는 권리를 확보하게 됐다.

훗날 에드 로버츠는 자신이 좀 더 계약서의 내용에 주의를 기울였어야만 했다고 술회했다.

"나는 정말 순진했다. 변명처럼 들리겠지만, 나는 정말로 그 친구들이 불리한 처지에 놓이지 않게 하려고 신경을 썼다(변명처럼 들린다 - 명로진 주). 빌 게이츠는 겨우 19세였고 폴 앨런은 빌 게이츠보다 고작 두 살 위였다. 하지만 결국 그들이 나보다 훨씬 노련했음이 밝혀졌다."

──── 불법 복제라는 벽

빌 게이츠는 마이크로소프트를 만들고 나서 하버드대학교를 중퇴했다. 사업에 전념하기 위해서였다. 그러나 비즈니스 현장은 그가 생각한 것처럼 만만하지 않았다. 1970년대 중반에 컴퓨터 소프트웨어 산업은 존재감조차 없었다. 대부분의 사람, 특히 사업가들조차 소프트웨어 개발이 무엇을 뜻하는지 몰랐다. 빌 게이츠의 비즈니스는 비즈니스다운 대접을 받지 못했다.

게다가 마이크로소프트가 MITS에 공급하는 베이식 프로그램에 대한 수입도 생각처럼 많지 않았다. 불법 복제 때문이었다. MITS는 알테어 8800을 매달 1000대씩 팔았지만 마이크로소프트가 판매하는 베이식은 몇백 카피에 불과했다. 소프트웨어 시장에 첫발을 내디딘 빌 게이츠는 곧바로 불법 복제라는 암벽을 만났다. MITS는 이 문제에 별다른 관심을 보이지 않았다. 어쨌든 그들이 만든 컴퓨터는 팔려나가고 있었으니까.

빌 게이츠는 자신의 노력에 대해 정당한 보상을 받지 못하고 있다는 생각을 하게 됐다. 그의 머릿속에는 '내 것을 지켜야겠다'는 강한 의지가 생겨났다. 빌 게이츠는 이 난관을 타개하기 위해 정면 돌파를 택했다. 1976년 2월, '컴퓨터 애호가들에게 보내는 공개 편지'를 컴퓨터 잡지에 게재하면서 불법 복제자들을 공격했다. "베이식 정품 사용 비율이 10퍼센트가 채 안 된다"라는 말과 함께 그는 이렇게 강조했다.

"절대다수 고객이 알아야 할 사항은 여러분 중 대다수가 소프트웨어를 훔치고 있다는 것입니다. 하드웨어는 가격을 치러야 하는 반면, 소프트웨어는 공유되고 있습니다. (중략) 우리에게 지급되는 로열티, 매뉴얼과 테이프값, 간접 비용을 모두 따지면 겨우 현상 유지 정도입니다.

여러분의 행위는 좋은 소프트웨어 개발을 가로막고 있습니다. 누가 아무런 대가도 없이 전문적인 작업을 하겠습니까? 꼬박 한 해 동안 프로그램을 작성하고 버그를 찾아내고 자신의 제품에 대한 문서화 작업을 하고 나서 무료로 배포할 사람이 과연 있겠습니까?"

스물한 살 빌 게이츠의 당돌한 주장은 많은 사람을 격앙시켰다. 당시의 상식으로 보면 이 편지는 도발이었다. 베이식 언어를 복사해서 쓴 사람들은 빌 게이츠에게 300통이 넘는 편지를 보냈다.

'소프트웨어를 복제하는 사람들이 도둑이라고? 말도 안 된다.'

'명예 훼손으로 걸고넘어가겠다.'

'어린놈이 까부는구나. 밤길 조심해라.' 등등.

다행히 빌 게이츠의 밤길에 미행하는 사람은 없었다. 빌 게이츠는 2개월 뒤 다시 한번 공개서한을 써서 잡지에 올렸다. 악플러들의 공방은 그 역사가 오래된 듯하다. 빌 게이츠는 두 번째 편지에서 '알테어 베이식의 불법 복제 문제를 지적하려는 것이지 컴퓨터 애호가들을 싸잡아 비난하려는 의도는 없었다'고 해명했다. 그러나 불법 복제 관행에 대해서는 여전히 강력히 맞섰다.

"소프트웨어 개발을 도저히 못 해먹겠다는 한 회사 대표의 편지를 받은 적도 있습니다. 마이크로소프트 혹은 그 어느 회사라도 막대한 투자에 대한 합리적인 보상이 적정한 시간 내에 보장되지 않는 한, 대대적인 소프트웨어 개발은 이루어지지 않을 것입니다."

—— 카피레프트는 없다

청년 빌 게이츠가 던진 질문은 이후 마이크로소프트라는 거대 왕국을 건설해나가는 과정에서 그가 늘상 부딪혀야 했던 문제였다. 복제에 대한 빌 게이츠의 대처는 리눅스를 비롯한 컴퓨터 프로그램 공유 진영과 뚜렷한 대조를 이뤘다. 리처드 스톨만 같은 사람들은 카피레프트 Copyleft 라는 개념을 앞세워, 주요 소프트웨어 소스를 공유함으로써 소프트웨어의 발전을 꾀할 수 있다고 주장했다.

'영어의 근간을 이루는 문법을 공유했기에 영어가 발전한 것처럼, 소프트웨어 역시 기본 코드를 공유할 때 모든 사람에게 이익이 된다'는 것이 카피레프트 진영의 이념이다. 반면 빌 게이츠는 20대 초반이던 청년 시절부터 저작권자의 권리는 철저히 보호받아야 한다는 주장을 강하게 피력했다.

소프트웨어 저작권은커녕 저작권 자체에 대한 개념도 희미했던 당시, 그의 생각은 획기적이면서 동시에 이기적이고 탐욕적인 것이었다. 그러나 자본주의는 탐욕을 먹고 자라는 꽃이다. 그리고 인간은 탐욕하는 존재이다. 인간이 탐욕하지 않았다면 오늘날의 번영은 없었을 것이다. 빌 게이츠가 '내 것을 지키겠다'는 생각을 하지 않았다면, 오늘날의 '윈도'도 없었을 것이다.

───── **개인용 컴퓨터 혁명**

빌 게이츠는 스물다섯이던 1980년, IBM을 위해 MS-DOS를 개발해 8만 달러를 받고 팔면서, 이 프로그램을 IBM이 무기한 사용하는 대신 'MS는 다른 회사에도 이 프로그램을 팔 수 있다'는 조건을 내걸었다. 당시 세계 최고의 컴퓨터 생산자였던 IBM이 MS-DOS를 쓰게 되자, MS-DOS는 하루아침에 컴퓨터 운영체제의 강자로 떠올랐다.

빌 게이츠는 1980년대 초에 MS-DOS를 무료로 뿌렸다. 소비자가 마음껏 사용하게 한 뒤, 그것에 길들여질 무렵 개정판을 내면서 무단복제를 철저히 단절시키려는 전략이었다. 모든 것은 빌 게이츠의 생각대로 됐다. MS-DOS에 길들여진 사람들이 거기에서 빠져나오기 힘든 상황이 됐을 때를 노려 마이크로소프트사는 개정판을 준비해두고 있었다(마치 마약이나 담배에 중독되는 상황과 흡사하다. 우리는 모두 MS 중독자…. 뭐? 맥Mac이 최고라고?).

빌 게이츠는 승부를 즐기고 그 승부에서 이겨야 한다고 생각하는 사람이었다. 무자비한 정복자였고 냉정한 사업가였다. 시장의 권력은 누가 표준 제품을 갖고 있느냐에 달렸다. 빌 게이츠는 이런 속성을 누구보다 먼저 깨닫고 있었다. 그 때문에 그는 '내 것 지키기'에 혈안이 될 수밖에 없었다.

현대의 프로메테우스 빌 게이츠는, 한때 올림포스에서 독수리에게 간을 뜯기다가(반독점법에 걸려 연달아 소송을 당하다) 속죄하고 용서받았다(이제는 마이크로소프트 대표 자리에서 물러나 자선사업을 하며 시간을 보내고 있다). 2000년에 그와 아내가 만든 빌 앤 멀린다 게이츠 재단은 지금까지 400억 달러 가까운 돈을 운용하면서 기아와 질병 퇴치를 위해 애쓰고 있다.

─── 승부사는 욕심쟁이

승부사가 되려면 일단 내 것부터 철저히 지켜야 한다. 빌 게이츠처럼. 그는 자신이 시간과 노력을 들여 만든 프로그램을 다른 사람들이 아무런 대가를 지불하지 않고 사용하는 것에 저항했다. 저작권을 왜 지켜야 하는지에 대해서 학자들은 무임승차 효과론으로 설명한다.

버스를 운영하는 회사가 산골에 노선을 냈다. 읍내에 걸어서 가려면 두 시간 걸리던 것이 버스 덕에 15분으로 줄었다. 이 버스 운전사는 산골 동네 아저씨이다. 버스를 타는 사람은 운전사를 잘 아는 친구, 친지, 선후배들이다. 이들은 가끔 현찰을 준비하지 못해 버스를 탈 때 무임승차를 한다. "어이, 나여, 나!" 운전사는 승객 대부분을 알기 때문에 야박하게 요금을 내라는 소리를 하지 못한다. 승객들은 공짜로 버스를

인도 비하르의 잠소트 마을을 방문한 빌 게이츠와 멀린다 게이츠(2011년)

타는 맛에 길든다. 그러나 무임승차를 하게 되는 승객이 점점 많아져서 결국 버스는 운영을 중지하게 된다. 산골 사람들은 다시 읍내까지 걸어서 몇 시간을 오가는 고통을 감내해야 하는 것이다. 결국 무임승차는 버스를 타는 승객에게도 안 좋게 된다. 불법 복제는 영화나 음악을 만드는 사람을 줄어들게 하고 결국 영화나 음악을 즐기는 사람들에게도 불이익이 된다.

세명대 미디어창작학과 김기태 교수는 "창작자 이외의 사람이 창작자로부터 동의를 받거나 창작자에게 보상을 해주지 않은 상태에서 마음대로 창작물을 모방하여도 좋다면 그 누구에게서도 창작 의욕이 생겨날 수 없다"라고 말했다.

빌 게이츠가 성인이 되자마자 세상에 외쳤던 첫 마디가 "내 거 함부로 쓰지 마!"였다. 극단적 자기애의 표현이다. 그러나 인류애도 자기애가 선행되어야 실현할 수 있는 법. 자기를 사랑하지 않는 사람이 타인을 사랑할 수 없기 때문이다. 애써 만든 결과물에 아무런 보상이 없다면 누가 새로운 것을 만들겠는가?

빌 게이츠가 젊은이들에게

"나는 청년 시절에 이미 '전 세계 모든 사람의 개인용 컴퓨터에 내가 만든 운영체제가 사용되게 하겠다'는 원대한 목표를 갖고 있었습니다. 그 당시 난립하고 있던 컴퓨터 운영체제 시장을 MS-DOS로 통일할 생각이었지요. 아마도 이건 진시황이 중국을 통일하겠다든가, 칭기즈칸이 세계를 정복하겠다는 꿈에 맞먹는 야망일 겁니다.

마이크로소프트가 세계를 제패하기까지는 많은 난관이 있었습니다. 저작권, 독점 소송, 경쟁사의 지속적인 견제 등. 어려움이 닥쳐올 때마다 나는 20대에 내가 가졌던 꿈을 되새기면서 앞으로 나아갈 뿐이었습니다.

만약 내가 가진 꿈의 크기가 우주만 하다면 내 상대의 꿈도 역시 우주만 해야 합니다. 그래야 감히 나를 괴롭힐 수 있지요. 내가 가진 꿈이 우주만 한데 상대가 동네 뒷산만 하다면, 나는 그의 견제나 대응에 큰 타격을 입지 않을 것입니다.

자본주의 사회에서 살아나간다는 것은 경쟁을 물리치는 것과 같습니다. 세상이 공평하다는 순진한 생각은 일찍 접으십시오. 다만 여러분의 꿈이 실현될 때, 세상의 불공평을 어느 정도 해소할 수 있도록 노력하십시오.

여러분의 꿈의 크기는 어느 정도인가요? 회사 내 최고? 나라에서 최고? 이왕이면 세계 최고를 목표로 삼으십시오."

"실패는 선택사항이다.
만약 일이 실패하지 않는다면 당신은 충분히 혁신적이지 않다."

– 일론 머스크

일론 머스크

Elon Musk

역발상의 사나이

테슬라 CEO

—— 미래를 보는 남자

2021년 방영된 드라마 〈시지프스〉에서 조승우는 천재 공학자 한태술로 등장한다. 기장이 기절해 추락해가는 비행기 조종석에서 기계 장치를 손질해 승객 261명을 살릴 정도로 뛰어난 엔지니어이자 잘나가는 IT 그룹의 회장이다. 아마도 드라마 제작사는 할리우드 영화 〈아이언맨〉의 한국형 캐릭터를 구사한 것 같다.

사막에 감금되어도 주변 기기를 이용해서 하늘을 나는 로봇을 만들어내는 천재 사업가 토니 스타크(로버트 다우니 주니어 분). 그가 주인공인

〈아이언맨〉은 일론 머스크라는 실존 인물을 모델로 만든 영화이다. 천재 엔지니어이자 탁월한 사업가이면서 미래를 보는 예지력이라는 삼박자를 갖춘 보기 드문 인물이 일론 머스크이다.

일론 머스크는 1971년 남아프리카공화국 프리토리아에서 2남 1녀 중 장남으로 태어났다. 아버지는 영국 국적인 엔지니어였고 어머니는 캐나다 국적인 모델이었다. 그 덕분에 그는 친가 쪽에서 기계에 대한 관심과 호기심을, 외가 쪽에서는 대중을 사로잡는 예술적 기질을 물려받았다. 일론 머스크는 궁금한 것이 있을 때마다 아버지에게 "이건 왜 이렇죠?" 하고 물었는데 그때마다 아버지는 친절히 설명해주곤 했다.

일론 머스크는 말을 똑 부러지게 하는 아이였고 머리가 비상했다. 그래서 1년 먼저 초등학교에 들어갔는데 이게 화근이었다. 또래보다 키가 작고 체격도 왜소해 왕따를 당하곤 했다. 우리 같으면 '깍두기'라고 놀이에 끼워주었을 텐데, 남아공의 백인 어린이들은 그렇지 못했나 보다. 일론 머스크가 어린이와 청소년기를 보낸 시절 남아프리카공화국에서는 인종차별이 정점에 달해 있었다. 보고 자란 게 차별이어서 그랬는지, 평균 이하의 체격과 지적 능력을 가진 그는 따돌림을 당하곤 했다. 한번은 심하게 맞아 계단에서 굴러떨어지면서 코가 부러졌고, 그대로 실신해 일주일을 입원하기도 했다. 그 일로 아직도 코와 호흡기에 문제가 있다고 한다.

외톨이가 된 일론 머스크는 대신 책벌레라고 불릴 정도로 많은 책을 읽었다. 하루에 열 시간씩 책을 읽곤 했는데, 특히 공상과학 소설을 좋아했다. 《해저 2만 리》, 《80일간의 세계 일주》, 《지구에서 달까지》를 쓴 프랑스 소설가 쥘 베른, 《은하수를 여행하는 히치하이커를 위한 안내서》를 쓴 영국 작가 더글러스 애덤스, 《파운데이션》의 미국 작가 아이작 아시모프 등의 책을 닥치는 대로 읽었다.

《은하수를 여행하는 히치하이커를 위한 안내서》라는 작품에 대해 일론 머스크는 훗날 "이 책을 정말 좋아했다. '어떤 질문을 던질 것인가'는 어려운 과제이지만 일단 질문을 찾아내면 나머지는 정말 쉽다는 사실을 내게 가르쳐줬다"라고 회상했다. 그는 이 책과 함께 《파운데이션》같이 은하계를 누비는 주인공이 모험하는 내용을 다룬 공상과학 작품들을 읽으면서 먼 우주를 항해하는 꿈을 꾸곤 했다. 이때의 경험은 그가 훗날 항공 우주 산업에 몰두하는 계기가 되었다.

2017년 테드 강연에서 일론 머스크는 사회자에게 항공 우주 산업에 대해 "도대체 왜 수많은 사람을 화성에 이주시켜야 한다고 주장하느냐?"라는 질문을 받고 이렇게 답했다.

"우리에게 영감을 주고 자극하는 미래를 갖는 게 중요하다고 저는 생각합니다. 미래에는 아침에 일어나면 '아, 살고 싶다'고 느끼는 삶이 되었으면 합니다. 왜 그렇게 미래에 집착하느냐고요? 우리 미래가 광활한 우주에 속해 있지 않고 우리가 그곳에 없다면 얼마나 실망스러울까요?"

천문학자 칼 세이건은 지구의 환경 오염 등에 의한 인류의 종말 대책을 이야기하면서 우리가 지구 이외의 또 다른 행성에 적응해 살아갈 수 있는 종, 즉 '이二 행성 생명체Two planet species'가 되어야 한다고 말한 바 있다. 일론 머스크는 한 단계 더 나아가 '다중 행성 생명체Multiplanet species'가 되어야 한다고 역설한다.

일론 머스크는 열 살 때 용돈을 모아 컴퓨터를 구입했다. 코모도어 사가 만든 8비트 가정용 컴퓨터 VIC-20이었다. 그는 이걸 갖고 놀기 위해 컴퓨터 프로그래밍을 배웠다. 2년 뒤 그는 블라스터Blastar라는 베이직 기반 게임 프로그램을 만들어 컴퓨터 잡지사에 500달러를 주고 팔기도 했다. 게임 내용은 우주선을 타고 은하계를 탐험하면서 외계인을 물리치는 것이었다. 이때부터 이미 일론 머스크의 눈은 우주 저 너머를 향해 있었다.

컴퓨터와 더불어 그가 좋아했던 놀이는 '로켓 제조'였다. 휘발유와 각종 화학약품을 섞어 뒷마당에서 실험했는데 종종 큰 소리와 함께 공중에서 터져 이웃들에게 폭발물이 아닌가 하는 의심을 받기도 했다. 이랬던 일론 머스크는 수십 년 뒤 장난감 폭탄이 아닌 혁명적인 공학 폭탄으로 세상을 놀라게 했다.

1980년에 부모가 이혼하는 바람에 일론 머스크와 동생 둘은 어머니와 함께 살았다. 언젠가 일론 머스크는 어머니에게 "아빠와 살겠다"라고 이야기했다. 어머니가 이유를 묻자 그는 "엄마는 자식 셋과 살지만 아빠에게는 아무도 없으니까요"라고 답했다. 평범한 아이라면 생각하지 못했을 부분이다.

── 청년이 되어 자립하다

일론 머스크는 고등학교를 졸업하기까지 일곱 번이나 전학을 갔다.

홀어머니 메이는 아이들을 사랑했지만 영양사와 모델 일을 하면서도 풍족하지는 않았기에 일론 머스크는 부모 사이를 오가며 불안한 청소년기를 보냈다. 그는 대학 공부를 미국에 가서 하고 싶어 했다. '아메리칸드림'을 펼쳐볼 생각도 있었지만 나날이 심해지는 남아공의 인종차별 정책 때문이기도 했다. 당시 남아프리카공화국에서는 고등학교를 졸업하면 의무적으로 군대에 가야 했는데 군인이 하는 일이란 게 대개 인종차별에 반대하는 흑인들을 억압하는 것이었다. 일론 머스크는 생각했다.

'내 청춘을 잘못된 일에 낭비할 수는 없어.'

미국으로 유학을 가려 했으나 예상치 못한 난관이 기다리고 있었다. 아파르트헤이트 때문에 남아공이 국제사회에서 배척당하던 시기여서 미국은 남아공 출신 유학생을 쉽게 받아들이지 않았다. 생각 끝에 일론 머스크는 외할아버지가 사는 캐나다로 가서 그곳 대학을 가기로 했다. 일단 캐나다에 가서 미국으로 건너갈 방법을 모색해보려는 심사였지만 부모님은 그의 결정에 반대했다. 결국 '스스로 학비를 해결한다'는 조건을 내걸고 일론 머스크는 1988년 무작정 캐나다로 향했다.

일론 머스크가 캐나다에 도착했을 때 손에 쥔 돈은 2000달러였다. 몬트리올에 살고 있을 줄 알았던 외할아버지에게 연락했으나 미국으로 떠난 뒤였다. 하는 수 없이 캐나다에 흩어져 있는 외가 친척들을 찾아다니며 1년여를 보냈는데 통나무를 베거나 농장 청소를 하면서 근근이 살아갈 수밖에 없었다. 어느 날 그는 생각했다.

'하루에 1달러로 살 수 있을까?'

그는 자신을 실험 대상으로 삼아 한 달 동안 30달러로 살아보기로 했다.

"어느 날은 농장에서 일하면서 하루 종일 오렌지만 먹기도 했어요. 이런 날은 돈이 한 푼도 들지 않았죠. 사람이 살아가는 데 필요한 비용이 그리 많지 않더라고요."

대형 마트에서 핫도그와 주스, 파스타와 토마토소스를 대량으로 산다음 일주일을 살기도 했다. 핫도그 빵을 먹고 소스를 용기째 들고 짜서 입에 털어 넣곤 했다. 이때 그는 싸구려 원룸과 컴퓨터 한 대만 있으면 굶지 않고 살 수 있다는 걸 깨달았다.

캐나다로 온 지 1년 만에 그는 캐나다 국적을 취득하고 온타리오주 퀸스대학교에 입학했다. 이곳에서 2년 동안 공부한 일론 머스크는 1992년에 아이비리그에 속하는 펜실베이니아대학교로 전학하면서 꿈에 그리던 미국 입성에 성공했다. 와튼 스쿨에서 경제학 학사 학위를 받았고 다시 1년을 더 공부해 예술과학대학에서 물리학 과정을 마쳤다. 대학을 다니면서 그는 와튼 스쿨에서 미래의 테슬라를 운영하는 기본을 배웠고, 물리학과에서는 우주선 제작에 필요한 기초를 다졌다.

—— 대학에서 구상한 미래

일론 머스크가 대학에 다니면서 가장 염두에 둔 것은 뭘까? 그는 등록금이 비싸기로 유명한 와튼 스쿨에 전액 장학금을 받고 편입했다. 이곳에서 친구도 사귀고 파티에도 가고 공부도 원 없이 했지만, 그는 머릿속으로 미래를 위한 큰 그림을 그리고 있었다.

"이때 내가 생각했던 건, 대학을 졸업하고 세 가지 분야 중 하나에서 일해야겠다는 것이었습니다. 바로 인터넷, 청정에너지, 우주 산업 분야였죠."

대학생 일론 머스크가 가장 존경했던 인물은 니콜라 테슬라와 토머스 에디슨이었다. 두 사람 모두 위대한 발명가였다. 19세기 말, 두 사람은 전기 공급 방식을 놓고 대립했는데 니콜라 테슬라는 교류, 토머스 에디슨은 직류를 고집했다. 이를 두고 서로 비난하고 소송전까지 치렀으나 안정성 높은 교류가 널리 채택되면서 '전류 전쟁'의 최종 승자는 니콜라 테슬라가 되었다. 일론 머스크의 전기자동차 회사 이름이 테슬라인 것은 어찌 보면 당연하다.

일론 머스크가 대학을 마쳤을 무렵, 미국에는 인터넷 붐이 일고 있었다. 넷스케이프 커뮤니케이션즈의 넷스케이프가 1994년에, 마이크로소프트의 윈도95가 다음 해에 연이어 발표되면서 웹 대중화 시대를 열었다. 1995년 가을, 일론 머스크는 실리콘 밸리 사관학교라고 불리는 스탠퍼드 대학원에 입학, 응용물리학과 재료과학 전공 박사 과정을 시작한다. 그러나 학교에 등록한 지 이틀 만에 학업을 포기하고 창업에 뛰어들었다.

일론 머스크는 결단과 실행이 빠른 사나이였다. 학교를 그만두고 곧바로 동생 킴벌과 함께 캘리포니아 팰로앨토에서 짚투Zip2라는 인터넷 회사를 창업했다. 이 회사는 인터넷 지도상에 지역 정보를 제공하는 포털 서비스 업체였다. 이때만 해도 가난했던 두 형제는 집을 따로 얼을 돈이 없었다. 사무실만 얻어 숙식하면서 샤워는 근처의 YMCA 회관에 가서 해결하곤 했다.

인터넷 붐을 타고 짚투는 《뉴욕타임스》와 《시카고트리뷴》 같은 여러 신문사와 계약하게 됐다. 1995년 창업한 짚투는 곧 상승세를 타고 성장했다. 그러자 당시 잘나가던 일본 컴퓨터 회사 컴팩은 짚투를 3억 7000만 달러(약 4180억 원)에 인수하겠다며 일론 머스크에게 연락해왔다. 일론 머스크는 회사 지분 7퍼센트를 갖고 있었으므로 단박에 300억 원 가까운 돈을 손에 쥐며 만 24세에 억만장자 대열에 올랐다.

───── 돈을 벌면 전부 투자하라

평범한 젊은이였다면 수백억 원을 손에 쥐면 놀러 가거나 흥청망청 쓰며 지냈을지도 모른다. 그러나 일론 머스크는 짚투를 처분하고 받은 돈으로 바로 새로운 사업을 시작했다. 엑스닷컴X.com이라는 전자결제 시스템이었다.

'인터넷 세상인데 왜 돈은 꼭 은행에 가서 넣고 빼야 하나?' 이게 일론 머스크의 생각이었다. 이메일로 돈을 주고받고 상품 가격을 결제한다면 거래가 한결 간편하지 않을까? 일론 머스크는 엑스닷컴을 창업해 전자결제 사업을 시작했다. 이때 일론 머스크와 비슷한 생각을 한 사람이 있었다. 콘피니티라는 회사를 세운 피터 틸이었다. 두 회사는 잠깐 경쟁하다가 이내 합병했다. 피터 틸과 일론 머스크의 결단에 따른 조치였다. 2000년에 출범한 이 회사의 이름이 바로 페이팔이다.

1999년 엑스닷컴과 페이팔을 창업했던 28세의 일론 머스크(왼쪽은 동업자 피터 틸)

페이팔은 세계적으로 통용되는 인터넷 결제 서비스를 제공하면서 폭발적으로 성장했다. 마침 전자상거래가 세계적인 붐을 탄 것과 맞물려 운도 좋았다. 하지만 이 모든 게 일론 머스크의 '미래를 보는 눈' 때문이었다. 페이팔은 2년 남짓 운영되다 전자상거래 거대 기업인 이베이에 무려 15억 달러에 팔렸다. 이때 일론 머스크는 지분에 따라 다시 1억 7000만 달러(약 1900억 원)를 손에 쥐게 되었다. 그의 나이 31세였다.

── 인터넷을 떠나 우주로

일론 머스크는 페이팔 재직 시에 콘피니티사 출신 직원들의 모의로

CEO 자리에서 쫓겨난 적이 있다. 회사 운영을 두고 대립했던 콘피니티 창업자 중 한 사람인 맥스 레브친이 일론 머스크가 호주로 휴가를 떠난 사이 긴급 이사회를 열어 일론 머스크의 사임을 결정한 것이다. 그러나 세상일이 새옹지마라던가. 곧 페이팔 매각으로 일론 머스크는 새로운 사업에 눈을 돌리게 되었다.

2002년 어느 날, 일론 머스크는 친구와 뉴욕으로 차를 몰고 가고 있었다. 밤 깊은 시각이었다. 지루했는지 친구가 물었다.

"자, 이제 어떻게 할 거야?"

페이팔을 운영하면서 일론 머스크는 인간관계에 어느 정도 염증을 느끼고 있었다.

"글쎄…."

"여행이나 다니며 쉬지 그래?"

"하긴…. 사람한테 이제 좀 질려."

"그럴 만도 하지."

"그래도 다시 사업을 할 거야."

"사업하는데 사람하고 안 하면 어쩌려고?"

일론 머스크는 하늘을 올려다봤다.

"저 별을 상대하는 거지."

일론 머스크의 머릿속에는 부동산도, 여행도, 카지노도 없었다. 우주에 투자할 생각으로 가득 차 있었다. 특히 '인간은 언젠가는 화성에 가서 살게 될 것'이라는 기발한 아이디어가 그를 지배하고 있었다. 2002년 5월, 일론 머스크는 스페이스엑스를 창업하고 본격적인 우주 개발에 뛰어들었다.

일론 머스크는 '환경 오염으로 인해 더는 지구에 인류가 살지 못한다면 화성을 개척하는 것이 필수'라고 생각했다. 화성을 개척하려면 먼저 화성에 갈 수 있어야 한다. 화성에 가려면 우주 로켓을 발사해야 하고 그러려면 먼저 로켓에 대해 알아야 한다. 그는 영화 〈아이언맨〉에 나오는 주인공 토니 스타크처럼 로켓에 대해 공부하기 시작했다. 어느 날 일론 머스크는 NASA가 발표한 보고서를 읽었다. "화성에 유인 우주선을 보내려면 약 500조 원이 든다"라는 내용이었다. 뉴스에서는 지구를 돌며 정찰하고 다시 돌아오는 델타 4호 로켓 개발비가 3조 원 가까이 들었다는 소식이 전해졌다. 일론 머스크는 생각했다.

'도대체 왜 로켓 발사에 이렇게 돈이 많이 드는 걸까? 로켓 제작에 들어가는 원료비가 비싼 걸까? 항공우주용 알루미늄 합금에 티타늄과 구리, 그리고 탄소 섬유를 일정 비율로 배합하면 되는데. 인건비에 드는 비용이 많은 걸까? NASA에는 불필요한 인원이 많다. 발사체 건설 비용이 많이 드는 걸까? 발사대는 빌려서 써도 된다….'

통상 자동차는 가격의 25퍼센트, 컴퓨터는 80퍼센트 정도가 재료비로 충당된다. 하지만 일론 머스크의 분석에 따르면 로켓 제작에 드는 재료비는 단 2퍼센트에 불과했다. 일론 머스크 이전의 로켓 개발은 오랫동안 NASA와 일부 기업이 독점하면서 과도한 비용을 산출하고 그걸 당연시해온 관행이 있었다. 3달러짜리 재료를 30달러로 계상하거나 10년도 더 지난 부품을 비싸게 산다든지 해도 누구도 이의를 제기하지 않았다. 정부와 기업체의 극소수가 얽혀 있는 우주 산업 독점체인

NAPIA(나사+마피아)의 관여 때문이기도 했다. 일론 머스크는 스페이스엑스를 창업하면서 이렇게 선언했다.

"기존 비용의 10분의 1로 로켓을 쏘아 올리겠다!"

3년 뒤인 2005년 11월 26일, 스페이스엑스가 제작한 첫 민간 우주 로켓 팰컨 1호가 남태평양 웨이크섬 발사대에 모습을 드러냈다. 그러나 발사 직전 연료 탱크 및 엔진 컴퓨터 이상으로 발사가 중지됐다. 절치부심한 스페이스엑스 팀은 2006년 3월, 겨우 발사에 성공했으나 로켓은 41초 만에 태평양상에 추락하고 말았다. 일론 머스크와 직원들은 고개를 들 수 없었다. 2007년 3월에 다시 발사한 팰컨 1호는 7분 뒤에 제2 엔진 고장으로 궤도를 이탈하고 말았다.

주변에서는 "로켓은 아무나 쏘느냐. 욕심이 과했다"라며 비난을 쏟아냈다. 일론 머스크 역시 실망했으나 "오늘 발사는 비교적 성공이었다"라며 직원들을 위로했다. 실패하는 순간에 리더가 너무 좌절하면 조직원들은 방향을 잃고 만다. 그는 애써 자신을 추스르며 다음을 기약했다.

⎯⎯ 실패해도 시도하라

스페이스엑스가 로켓을 만드는 동안 일론 머스크는 또 다른 회사에 참여했다. 2003년에 마틴 에버하드와 마크 타페닝이 창업한 테슬라에 이듬해 거액을 투자하면서 CEO가 된 것이다. 그 자신이 돈을 쏟아부으면서 동시에 투자를 유치해 3년 만에 자본 1억 달러를 모으고는 전기차 양산에 대한 기대를 한 몸에 받았다.

그때까지 전기자동차를 개발하던 업체는 "유지비가 적게 드는 경제적인 차"라는 콘셉트를 내세웠다. 일론 머스크는 역발상의 기업가였다. "왜 전기자동차가 싸구려여야 하는가? 테슬라의 첫 상용차는 최고급 스포츠카로 출시하겠다"라고 발표했다. 로드스터라는 이름의 이 자동차 가격은 11만 달러(1억 2400만 원)에 달했으나 리어나도 디캐프리오, 브래드 피트 같은 할리우드 스타의 선구매 열풍이 이어지면서 엄청난 화제를 모았다.

그러나 자동차 역시 출발부터 난항을 겪었다. 2500대만 만들겠다던 로드스터의 제작비가 점점 불어났다. 제조도 지지부진했다. 발매 두 달을 앞두고 있었지만 운전석 손잡이를 터치 방식으로 할 것인지 말 것인지를 놓고 임원끼리 말다툼을 하는 식이었다. 지구 환경을 보호하기 위해 전기로만 가는 자동차를 만들겠다는 일론 머스크의 꿈이 희미해지는 동시에, 오염된 지구를 떠나 화성으로 인류를 이주시키겠다는 공상역시 망상이 되어가고 있었다. 일론 머스크의 꿈은 땅에서도 하늘에서도 헛된 백일몽으로 그칠 위기에 처해 있었다.

—— 어떻게 할 것인가?

어떤 희망도 보이지 않는 상황에서 일론 머스크는 또 다른 사업에 착수했다. 태양광 발전기업 '솔라시티'였다. 2007년 미국 독립기념일인 7월 4일 솔라시티를 창업하면서 일론 머스크는 최대 투자자가 됐고

일론 머스크는 새로운 프로젝트에 도전하며 계속해서 사업 영역을 넓혀나가고 있다.

이후 회장이 됐다.

테슬라가 한창 위기였을 때, 일론 머스크는 기존의 CEO 마틴 에버하드를 해고하고 마이클 막스, 제브 드로리 등을 영입하면서 기업을 정상화하려 애썼다. 테슬라가 로드스터를 막 판매하기 시작한 2008년, 리먼 브러더스 사태로 금융 위기가 최고조에 달하면서 기다리던 선구매자에게 차량이 제때 납품되지 않는 일이 잦았다. 3월에 첫 차가 나오고 6개월 동안 단 27대만 소비자에게 전달됐을 뿐이다. 예약된 차는 1200대였다.

주문자들도 무작정 기다릴 수만은 없었다. '내 돈을 날리는 것 아닌가' 하는 불안이 만연했다. 이렇게 되자 '테슬라가 보유한 자본이 100

억 원도 안 된다', '곧 도산한다'는 설이 돌았다. 일론 머스크는 "모든 투자자가 포기하면 내 돈을 들여서라도 테슬라를 지원하겠다"라며 낙관했다. 일론 머스크는 금융 위기 와중에 다시 투자설명회를 열어 거액의 자금을 모았다.

─── 좌절은 없다

스페이스엑스의 로켓 발사가 연이어 실패하자, 일론 머스크를 비꼬는 이런 유머가 떠돌았다.

> 사회자 : 머스크 씨, 우주 산업에서 백만장자가 되려면 어떻게 하면 됩니까?
>
> 일론 머스크 : 억만장자에서 시작하면 됩니다.

수차례 실패를 거듭했는데도 머스크는 좌절하지 않았다. 스페이스엑스 팀도 밤낮을 가리지 않고 연구와 제작에 매진했다. 응용물리학과 기계 제조에 전문가 수준의 지식을 가진 머스크는 직원들과 실무적이고 세세한 내용까지 토론해가며 로켓 제작에 힘을 쏟았다. 여러 사업체에 손을 대고 있는 그였지만 우주 분야에 50퍼센트, 나머지에 50퍼센트 시간을 배분할 정도로 스페이스엑스에 정성을 들였다.

2008년 9월 28일, 드디어 팰컨 1호가 발사 후 궤도 진입에 성공했다. 이날 인터뷰에서 일론 머스크는 격앙된 목소리로 "오늘은 내 인생

케네디 우주센터를 방문한 버락 오바마 대통령과 일론 머스크(2010년)

에서 가장 행복한 날"이라고 말했다. 스페이스엑스는 이후 NASA와 굵
직굵직한 계약을 맺으며 대표적인 항공 우주 기업으로 성장해나갔다.

　세계 최초로 민간 액체 추진 로켓을 지구 궤도에 도달시켰고(2008년
팰컨 1호), 우주선을 발사하여 궤도 비행 후 회수했으며(2010년 드래건), 국제
우주 정거장에 우주선을 연결했다(2012년 드래건). 2017년 3월까지 스페이
스엑스는 국제 우주 정거장에 우주선을 총 10대 발사, 화물을 보급하는
등의 업무를 수행했다.

테슬라의 성공 역시 눈부시다. 로드스터 출시 이후 메르세데스 벤츠에서 5조 5000억 원 투자비와 미국 정부에서 저리 융자 5000억 원을 받은 테슬라는 2012년 고급 세단 모델 S를 출시, 다음 해에 창업 10년 만에 첫 분기별 흑자를 기록했다. 2020년에는 44만 대를 판매하면서 272억 4000만 달러 매출을 기록하고 7억 2000만 달러 이익을 냈으며 해마다 판매량과 이익은 늘고 있다.

현재 세계 전기차 1위 기업인 테슬라는 폭스바겐 등의 추격을 받고 있지만 늘 앞서가며 미래를 선도했던 일론 머스크를 바라보는 투자자들은 오늘도 쉴 새 없이 테슬라 주식을 사들이고 있다.

수많은 실패를 경험하면서도 좌절하지 않고 대학 시절 간직한 꿈을 하나하나 이루어가는 일론 머스크. 그의 말 한마디로 비트코인 가격이 오르락내리락할 정도로 세계 경제에 큰 영향력을 발휘하고 있는 일론 머스크는 오늘도 우주 저 너머에 신세계를 건설하는 이상을 실천해나가고 있다.

일론 머스크는 솔라시티, 테슬라, 스페이스엑스뿐 아니라 뇌와 컴퓨터 연결을 연구하는 뉴럴링크 등 9개 회사를 운영하고 있다. 2021년 기준으로 일론 머스크의 재산은 1800억 달러(약 202조 원)에 달한다.

일론 머스크가 젊은이들에게

"세상 사람들은 저를 엉뚱한 천재라고 합니다. 하지만 저 역시 초인
적인 노력을 하는 사람입니다. 여기에 항상 먼 미래를 향한 안목까지
갖추려고 애쓰고 있지요. 이 세 가지 장점은 때로 엉뚱한 아이디어로
나타나기도 하지만 웬만한 기업가는 생각도 못 할 어마어마한 기획을
해내기도 합니다.

여러분의 시선은 현재 어디에 머물러 있나요? 여러분이 사는 동네?
여러분의 국적이 있는 나라? 대륙? 아니면 전 지구적 환경? 제가 어린
시절 읽은 아이작 아시모프의 소설 《파운데이션》에는 지구 최고의 과
학자와 학자, 예술가들이 한 행성에 모여 인류의 지식과 문명을 보존하
려고 노력하는 이야기가 나옵니다. 작가는 이 이야기를 1940년대에 발
표했어요.

먼 미래의 공상일까요? 1873년에 쥘 베른이 발표한 《80일간의 세
계 일주》는 그 당시 가장 빠른 교통수단으로 런던을 출발해서 런던으

로 돌아오려면 80일이 걸린다는 가설하에 쓴 것입니다. 지금은 어떤가요? 하루 만에 지구를 한 바퀴 돌 수 있습니다. SF에 나오는 이야기가 먼 훗날의 기약 없는 망상만은 아닐 겁니다.

모든 사람이 찬성하는 계획이란 건 없습니다. 누구나 납득하는 미래도 없습니다. 위대한 꿈은 늘 이상해 보이고 불가능해 보입니다. 저역시 테슬라나 스페이스엑스를 만들 때 몽상가 취급을 당했으니까요.

아직은 엉뚱한 꿈을 계속 꾸길 바랍니다. 사람들이 비웃더라도 여러분만의 비전을 품길 바랍니다. 그리고 끊임없이 노력하세요. 언젠가 꿈이 보답할 때까지."

"작은 일도 시작해야 위대한 일도 생긴다."

– 마크 저커버그

마크 저커버그

Mark Zuckerberg

큰 그림을 그려라

페이스북 창업자

—— **모험과 도전의 시작**

2003년 가을, 하버드대학교 기숙사. 실연당한 2학년생 마크 저커버그는 술에 취해 자기 기숙사생들의 앨범 사진에 대한 호감도 조사를 했다. 그때 룸메이트가 "여학생 중 누가 예쁜지 비교하는 건 어때?"라고 한마디 했다. 마크 저커버그는 각 기숙사 홈페이지를 해킹해 하버드대학교의 여학생 사진을 한곳에 모으기 시작했다.

여학생 두 명의 사진이 랜덤으로 화면에 뜨면 "오른쪽이냐 왼쪽이냐" 투표를 하는 식이었다. 영화 〈소셜 네트워크〉의 한 장면인데, 바로 이 모습이 페이스북의 시작을 알린다.

영화 속 또 다른 장면에서는 미래의 중요한 변화를 시사한다. 기숙사 안에서 술 마시고 춤추던 하버드생들이 컴퓨터 화면 앞으로 하나둘 모여들기 시작한다. 마크 저커버그가 만든 미모 비교 사이트에 흥미를 느꼈기 때문이다. 인류가 소셜 네트워크의 세계로 진입하는 순간을 상징한다고 할까. 얼굴과 얼굴을 직접 맞대고 이야기하기보다는 디지털 기기로 소통하는 게 익숙해지는 새로운 세대와 시대의 출현을 예고하고 있다.

이때 하버드에서 가장 잘나가는 동아리 중 하나가 '파이널 클럽'이었다. 이 동호회는 1791년에 만들어졌는데 주로 명문가 남학생들로 이루어진 고급 사교 모임이었다. 마크 저커버그가 어떻게 하면 이곳에 회원으로 가입할 수 있을까 궁리하던 차에 선배였던 윙클보스 형제가 하버드 대학생들의 디지털 동창회라고 할 수 있는 '하버드 커넥션(나중에 커넥트 유로 개명함)'에 대한 아이디어를 제시하면서 프로그램을 만들어보라고 한다.

윙클보스 형제가 건넨 의견을 바탕으로 마크 저커버그는 '페이스매시'라는 홈페이지를 만들어서 하버드 친구들의 근황을 소개하는 네트워크를 구상한다. 디지털 세상에서 모든 이의 파이널 클럽을 구상한 것이다. 초기 아이디어는 초대와 거절 권한을 가진 개인으로 이루어진 대학생들의 인맥 쌓기 모임이었다.

이 홈페이지는 오픈하자마자 폭발적인 인기를 얻었다. 마크 저커버그는 곧 예일대, 프린스턴대를 비롯해 영국의 대학에도 메일을 보내 회원을 확보했다. 대학생 수만 명이 회원으로 들어오자 1년도 안 되어 거액의 투자를 받기 시작했다. 이렇게 기하급수적인 성장세 때문에 마크 저커버그는 소송에 시달리기도 했다. 2004년 시작된 소송은 윙클보스 형제와 대학생 시절 마크 저커버그에게 자금을 대주던 절친 에드와도 새버린이 제기한 각기 다른 두 소송이었다.

윙클보스 형제는 페이스북이 자기들의 아이디어를 도용했다며 소송을 제기했다. 4년을 끌었던 이 소송은 페이스북이 형제에게 6500만 달러를 보상하며 마무리되었다. 에드와도 새버린과 벌인 소송은 마크 저커버그에게 또 다른 의미였다. 대학 동창으로 우정을 쌓던 두 사람은 페이스북 창업에 가장 큰 공을 세웠다. 겨우 대학 2학년, 3학년이던 이들에게 무슨 돈이 있었겠나. 마크 저커버그가 페이스북을 처음 만들 때 선뜻 창업비용을 댄 사람이 부잣집 아들인 에드와도 새버린이었다. 그는 친구에게 2만 달러를 주면서 마크 저커버그에게 "나중에 잘되면 지분 35퍼센트를 줄게"라는 약속을 받았다.

그러나 회사가 커지고 많은 구성원과 전문인력이 필요하게 되자 에드와도 새버린에게 약속한 지분은 너무 커져버렸다. 더구나 창업 직후 한창 바쁜 시기에 에드와도 새버린은 공부를 하느라 페이스북 운영에 참가하지 못했다. 이 때문에 그의 지분은 상당량 감소했고, 이 사실을 알게 된 에드와도 새버린이 소송을 제기했다. 결국 그는 마크 저커버그와 합의해 일정 지분을 회복했고, 페이스북 공식 홈페이지에 창업 멤버로 이름을 올렸다.

에드와도 새버린에게 지급된 보상액이 얼마인지 정확히 밝혀지지는 않았지만 페이스북 전체 주식의 약 2퍼센트로 추정된다. 에드와도 새버린은 이 자금으로 사업을 벌여 2021년 기준으로 자산이 165억 달러(18조 6000억 원)에 이른다.

—— 큰 그림을 그려라

대학교 2학년 남학생의 머릿속에는 뭐가 들어 있을까? 취업이나 공부 못지않게 여학생에 관심이 클 것은 자명하다. 친구들이 '어디에 가면 예쁜 여학생을 만날 수 있을까'에 신경 쓰는 동안 마크 저커버그는 큰 그림을 그리고 있었다. 당연히 그 또한 스무 살 청년이었기에 연애에 관심이 있었다. 그러나 마크 저커버그는 '사람과 사람을 연결하는' 그 무언가에 더 정신을 쏟고 있었다. 초기의 아이디어는 비록 친구들의 도움으로 얻게 됐지만, 관심 있는 대학생이 며칠 사이에 1000명 가까이 가입하는 것을 보고 그는 번개를 맞은 것처럼 정신이 번쩍 들었다.

'새 세계가 온다!'

마크 저커버그는 직감했다. 컴퓨터 웹사이트를 통해 지구촌의 모든 이가 서로 친구가 되는 날이 오리라는 것을.

마크 저커버그는 1984년 5월 14일 뉴욕에서 태어났다. 의사인 부모 사이에서 태어나 유복하게 자란 그는 이미 10대 때부터 컴퓨터 프로그램을 만들었다. 그의 아버지 에드워드는 치과 환자들의 진료 기록을 관리하기 위해 베이식 프로그램을 직접 만들고 있었다. 어린 마크 저커버그는 아빠가 공부해가며 만드는 프로그램에 관심을 보였다. 에드워드는 아들에게 486 컴퓨터와 프로그래밍 책을 사주었는데 어린 마크 저커버그는 순식간에 프로그램 개발에 빠져들었다. 어린 아들이 재능을 보이자 아빠는 한 단계 더 나아간다. 소프트웨어 개발자인 데이비드 뉴먼을 고용해 일주일에 한 번 마크를 가르치게 했다.

마크 저커버그는 열두 살 때 생애 첫 프로그램을 만들었다. 치과 의사인 아버지는 1층 진료실에서 환자가 없을 때면 2층에서 쉬거나 가족과 공부를 했다. 환자가 오면 간호사가 큰 소리로 에드워드를 부르곤 했고 그럴 때마다 그는 서둘러 1층으로 내려갔다.

어느 날, 질문이 많은 마크 저커버그는 아빠와 이야기를 나누고 있었다. 에드워드는 아내와 마찬가지로 자녀들의 질문을 전혀 귀찮아하지 않았다. 그들은 마크 저커버그가 컴퓨터나 다른 전자 기기를 해체해도 눈 하나 깜짝하지 않았다. 오히려 "그 안에 뭐가 들어 있니?" 하고 물었고, 궁금하면 또 부수어도 좋다는 식이었다. 이날도 마크 저커버그가 아빠에게 질문하며 즐거운 시간을 보내던 중, 아래에서 급히 호출하는 소리가 들렸다.

"원장님! 환자 오셨어요."

아빠가 아래층으로 내려가는 모습을 보면서 열두 살 어린 소년은 이런 생각을 했다.

'아래층 컴퓨터와 아빠 서재의 컴퓨터를 연결하면 저렇게 소리 지르지 않아도 될 텐데…'

곧 마크는 저커버그 집안의 넷이라는 의미로 '저크넷'이라는 프로그램을 만들었다. 환자가 오면 간호사가 1층 컴퓨터의 저크넷을 클릭

하고, 이때 2층 서재 아빠의 컴퓨터에서 "핑!" 소리가 나게 한 것이다. 그는 누이들의 컴퓨터를 함께 연결해 가끔 장난을 치기도 했다.

"이 컴퓨터는 30초 후 폭발합니다. 30, 29, 28⋯."

여동생 도나가 컴퓨터로 숙제를 하고 있을 때 이런 문구가 떴다. 도나는 깜짝 놀라 울면서 엄마에게 달려갔는데 알고 보니 저크넷을 이용한 마크 저커버그의 장난이었다. 그는 이렇게 컴퓨터와 놀면서 프로그램 영재가 되어갔다.

2002년에 사립 명문으로 유명한 필립스 엑시터 아카데미를 졸업하고 마크 저커버그는 하버드대학교에 입학해 컴퓨터 과학과 심리학을 복수 전공했다. 그는 해리 루이스 교수에게 컴퓨터 공학을 배웠는데 '해리 루이스와 여섯 단계'라는 프로그램을 만들어 스승에게 선물했다. 1996년 코넬대학교의 던컨 와츠는 "대체로 6단계 인맥을 거치면 할리우드 스타 케빈 베이컨과도 연결이 된다"라는 이론을 내놓았다.

여기에서 힌트를 얻어 마크 저커버그는 대학신문 《하버드 크림슨》에 난 기사와 학생 명단을 보고 '인맥 연결 프로그램'을 만들었다. 이 프로그램에 하버드 학생 이름을 입력하면 루이스 교수와 어떤 관계인지가 나타난다. 직접 강의를 들은 학생은 1단계, 그 학생의 친구는 2단계⋯이런 식이다. 이때 이미 마크 저커버그의 머릿속에 세상을 거대한 인맥으로 연결하려는 꿈이 싹뜨고 있었는지도 모른다.

앞서 말했듯 2학년 때 개발한 페이스북이 대박을 터뜨리면서 마크 저커버그는 학교를 중퇴하고 말았다. 2004년 2월 4일 '더페이스북닷컴'이 출시되었을 때만 해도 사이트의 목적은 하버드 대학생의 친목을 위한 연결망이었다. 출시 나흘 만에 가입자가 650명이 되었고 다음 날에는 1000명 가까이 몰렸다. 한 달 뒤에는 1만 명이 되었다. 막 2학년을 마친 마크 저커버그는 사업 환경이 좋은 캘리포니아로 가서 본격적으로 페이스북 운영에 매달렸다. 가을에 새 학기가 시작하면 다시 하버드로 돌아갈 생각이었으나 페이스북은 순식간에 유망한 스타트업으로 각광받게 됐다. '사업이냐, 학업이냐'를 놓고 고민하던 마크 저커버그는 결국 학교를 그만두고 페이스북에 전념했다.

—— 내 가치는 내가 정한다

영화 〈소셜 네트워크〉는 벤 메즈리치가 쓴 동명 소설이 원작이다. 영화를 보면 페이스북의 아이디어는 윙클보스의 도움을 받은 것이 사실이다. 하지만 결정적인 역할을 한 것은 개발자 마크 저커버그와 자금 조달자 에드와도 새버린이었다. 페이스북이 주목받기 시작하자 마크 저커버그는 사이트를 개선하는 데 매달렸고 에드와도 새버린은 광고주를 찾아다녔다. 이때 둘은 음악 파일 공유 프로그램 냅스터를 만든 선배 개발자 숀 파커를 만났다.

에드와도 새버린은 페이스북이 막 뜨기 시작하자 일단 사이트에 광고부터 실어 수익을 내려 했다. 그러나 마크 저커버그의 생각은 달랐다. 그는 회원들에게 페이스북이 뭔가 고상한 네트워크로 비치길 바랐다. 싼값에 아무 광고나 싣기보다는 페이스북의 가치를 우선 키우길 원했다. 이 대목에 관해서는 마크 저커버그와 숀 파커의 의견이 일치했다. 숀 파커는 마크 저커버그와 에드와도 새버린에게 이렇게 말했다.

"이봐. 최고의 낚시꾼이 송어 40마리 들고 사진 찍는 거 봤어? 1톤 짜리 청새치 한 마리 들고 있지."

자잘한 수입에 매달리지 말고 대박을 기대하라는 의미였다. 그는 또 이런 예를 들었다.

"로이란 남자가 있어. 스탠퍼드 MBA 출신이지. 아내에게 속옷을 사주고 싶었는데 숍에 가기 뻘쭘한 거야. 남자가 들어가도 당당한 속옷 가게가 있었으면 좋겠다고 생각하고 고급 콘셉트로 만든 게 '빅토리아 시크릿'이야. 친척들한테 4만 달러, 은행에서 4만 달러를 빌려서 오픈 했는데 첫해에만 50만 달러를 벌었어. 점포 3개를 더 열었고 잘나갔지. 5년 뒤에 레슬리 웩스너가 '100만 달러를 줄 테니 빅토리아 시크릿을 파시오' 해서 팔았어. 2년 뒤에 매출이 5억 달러가 됐지. 로이는 어떻게 됐게? 금문교에서 투신 자살했어."

빅토리아 시크릿 창업자 로이 레이먼드는 1982년에 레슬리 웩스너 에게 자기 사업체를 헐값에 넘긴 뒤 이런저런 사업을 하다가 실패했다. 좌절한 그는 결국 1993년에 스스로 생을 마감했다. 숀 파커가 이런 이 야기를 한 이유는 만 20세 창업자들에게 용기를 주기 위해서였다. 마크 저커버그는 이때 '내 가치는 내가 정한다'고 결심했다. 그는 이미 페이 스북이 엄청난 가치를 지니고 있다는 걸 직감했다.

창업을 위해 캘리포니아에서 쪽잠을 자며 프로그램 개발에 매달려 있으면서 마크 저커버그는 '뭔가 지속 가능한 사이트를 만들어서 세상 을 놀라게 하자'는 마음뿐이었다. 다른 사람들이 단기적 이익 창출에 골몰해 있을 때 그는 페이스북 가입자가 좀 더 편리하게 사이트를 이용하려면 어떻게 해야 하는지에 전념했다. '어떤 기능을 더해야 더 좋은 프로그램이 될까? 페이스북을 이용하는 사람들이 원하는 건 뭘까? 페이스북이 만들어갈 미래는 어떤 모습일까?' 이런 원대한 기획이 마크 저커버그의 뇌리를 스쳤다.

그사이 에드와도 새버린은 하버드에서 학교에 다니면서 틈틈이 광고 영업을 했다. 마크 저커버그는 자잘한 이익에 매달리기보다 더 큰 틀로 페이스북을 완성해갔다. 그와 뜻이 잘 맞는 숀 파커를 초대 페이스북 사장으로 임명하고 본격적으로 사이트를 보강해나갔다.

2005년에는 '더페이스북'에서 '더' 자를 빼고 '페이스북닷컴'이라는 새로운 도메인으로 출발했다. 그다음 해가 되자 페이스북 사용자는 700만 명에 달했다. 이때까지 페이스북은 대학생을 위한 사이트였다. 마크 저커버그와 숀 파커는 가입자를 일반인으로 확대했고, 이전보다 더 빠르게 사용자가 늘어갔다. 이듬해 잘나가던 인터넷 기업 야후에서 마크 저커버그에게 연락이 왔다.

"10억 달러에 페이스북을 인수하고 싶다."

이때 마크 저커버그는 겨우 만 22세였다. 엄청난 금액을 손에 쥘 찰나였다. 거부할 수 없는 야후의 인수 제의에 마크 저커버그는 일단 "좋다"라고 답했다.

기업 인수 합병은 고도의 두뇌 싸움이다. 협상 막후에 온갖 '밀당'이 등장한다. 야후 측에서는 마크 저커버그가 구두로 동의한 직후부터 "페이스북 매출이 예상보다 줄어들 것"이라며 연막을 쳤다. 야후 CEO

테리 시멀은 "지난번 제안한 인수액 10억 달러는 너무 과했다. 8억 달러가 적당하다"라고 인터뷰를 했다. 인수합병의 귀신이라는 테리 시멀의 말에 페이스북 임원진은 잔뜩 겁을 먹었다. "대박의 꿈이 날아가는 것 아닌가" 하고 긴장했다. 마크 저커버그도 고민에 휩싸였다.

'이대로 페이스북을 넘길까. 아니야. 페이스북은 테리 시멀이 생각하는 것보다 훨씬 더 큰 가치가 있어.'

두 달 뒤, 마크 저커버그는 "매각 협상은 없던 걸로 하겠다"라고 맞받아쳤다. 사람들은 깜짝 놀랐고, 언론은 "10억 달러를 걸어찬 젊은 기업인"으로 마크 저커버그를 대서특필했다. 테리 시멀이 "역시 페이스북은 10억 달러의 가치가 있다"라며 한발 물러섰지만 마크 저커버그는 "야후는 믿을 수 없는 회사"라며 일축했다. 마크 저커버그는 페이스북 이사회를 설득하느라 애를 먹었지만 이때 그의 결정은 옳은 것이었다. 《포브스》가 발표한 2020년 페이스북의 회사 가치는 880억 달러(100조 2000억 원)에 이른다. 이 평가에 대해 테리 시멀은 뭐라고 말할까?

── 페이스북이 추구하는 세상

마크 저커버그는 2010년 《타임》에서 올해의 인물로 선정됐다. 2012년에는 경제전문지 《포천》에서 40대 이하 비즈니스 리더 1위로 뽑혔다. 마크 저커버그는 공식 석상에서도 회색 티나 후드 달린 옷에 청바지만 입는 걸로 유명하다. 그가 관심 있는 것은 오로지 페이스북의 발전뿐이다.

2018년 프랑스 '세계 스타트업 및 리더들의 랑데뷰'에서 기자회견을 하는 마크 저커버그

　페이스북 제국은 인스타그램과 왓츠앱까지 거느리면서 사용자가 50억 명을 넘어섰다. 페이스북 가입자만 27억 명이며, 이 중 20억 명이 매일 페이스북을 드나든다. 마크 저커버그와 페이스북의 영향력은 막강하다. 현대인은 소셜 네트워크와 함께 생활하는데 그 중심에 페이스북이 자리하고 있다.

　막대한 영향력과 부를 거머쥔 마크 저커버그는 2010년 1억 달러를 들여 '스타트업 에듀케이션' 재단을 만들고 교육 환경이 어려운 어린이를 돕는 일에 나섰다. 세계 최고의 부호 중 한 사람으로서 바람직한 결정이었다. 그는 또 "전 재산의 99퍼센트를 기부하겠다"라고 밝혀 세상을 놀라게 하기도 했다.

물론 마크 저커버그도 위기를 겪은 적이 있다. 2007년 비콘이라는 프로그램을 선보였을 때이다. 사용자가 인터넷상에서 구매한 물품 정보가 사용자뿐 아니라 페이스북 친구들 페이지에도 나타나게 한 프로그램이었다. 유용한 정보를 공유하고 친구가 산 물건을 사이트에서 쉽게 구입할 수 있게 돕는다는 취지였지만 곧 프라이버시 침해라는 반발에 부딪혔다.

이후에도 페이스북은 종종 개인 정보 노출이라는 선을 넘나들곤 했다. 페이스북에 게시된 극히 사적인 내용조차 비밀 유지가 되지 않는다는 단점 때문에 수많은 불평도 쌓였다. 내가 원하지 않는데 나의 이야기가 소셜 네트워크상에 떠돌아다닌다는 사실은 매우 불쾌하다. 사람들은 SNS상에서 '잊힐 권리'를 주장하기 시작했다.

페이스북을 비롯한 소셜 네트워크 서비스가 세계의 진보와 민주화에 기여한 부분이 분명히 있다. 하지만 2021년 1월 미국 국회의사당 난입 같은, 민주주의에 심각한 위협이 되는 사건에 페이스북이 악용되기도 한다. 트위터와 스냅챗 등은 의사당 난입을 부추기는 발언을 한 당시 미국 대통령 트럼프의 계정을 영구 정지시켜버렸다. 헌법적 가치를 부정하는 의견까지 존중하지는 않겠다는 의지를 표현한 것이다. 그러나 페이스북이나 마크 저커버그는 이때 침묵으로 일관했다. 이에 대해서는 찬반양론이 무성하다.

페이스북에 세계인을 하나로 연결해주는 긍정적 기능이 있다면 분명 부정적 기능도 있다. 유튜브는 일정 조회 수가 넘는 모든 사용자에게 광고비를 돌려주는 방식으로 수익을 분배한다. 페이스북은 이에 대해 아무런 조치를 취하지 않고 있다. 혹시 영화 〈소셜 네트워크〉에 나오는 "내가 다 했어"를 외치는 욕심쟁이 마크 저커버그가 그의 진짜 모습인가?

조회 수가 수십, 수백만을 넘는 콘텐츠를 올린 회원에게 아무런 이익이 돌아가지 않는다면 심각한 문제이다. 이에 대한 불만이 팽배해 있다는 사실을 마크 저커버그는 분명히 인식해야 할 것이다. 그가 사용자에게 일정 수익이 돌아가는 진정한 소셜 네트워크 모델로 페이스북을 재창업하는 날을 기대해본다. 그는 어떤 일이든 시작할 수 있는, 여전히 젊은 나이이다.

마크 저커버그의 재산은 2020년 기준으로 962억 달러(약 114조 원)이며, 그는 세계에서 가장 부유한 인물 중 하나이다.

마크 저커버그가 젊은이들에게

"저에게는 꿈이 있습니다. 지구를 '소통의 행성'으로 만드는 것이지요. 그 소통은 선하기도 하지만 반드시 그렇지 않을 수도 있습니다. 세상을 좀 더 열린 곳으로 만들겠다는 나의 꿈은 지금 정점을 향해 가고 있습니다.

대학생 때 페이스북을 창업한 이래로, 제 삶의 목적은 돈이 아니었습니다. 하루 20시간 넘게 일하면서 끼니를 거르기도 하고 친구들에게 욕을 먹기도 했습니다. 왜? 지구인이 모두 서로의 친구가 되는 디지털 신세계를 만들겠다는 야망이 있었기 때문이지요.

페이스북을 처음 만들 때도 저의 대학 동료들은 '좀 더 나은 나이트클럽을 알기 위해', '더 멋진 여자 친구를 만나기 위해' 등의 목적으로 이 사이트를 이용하고 싶어 했습니다. 저의 시야는 그들보다 더 멀리 보고 있었지요.

여러분의 미래를 결정하는 요인을 돈에 두지 마십시오. 뭔가 좀 더 근사한 것이 여러분을 움직이게 하세요. 생각만 해도 가슴이 뛰는 일을 한다는 건 멋지지 않습니까?

세상을 한번 바꿔보겠다는 꿈을 버리지 말길 바랍니다."

비전을 공유하면, 꿈을 이루기 위해 내가 짊어져야 하는 부담은 n분의 1이 된다. 내 꿈을 나 혼자 가지면 100의 분량을 노력해야 이루어질 수 있다. 그러나 절친과 나누면 50이 되고 동료 열 명과 나누면 10이 된다. 100명과 나누면, 나는 1의 노력으로 100의 꿈을 이룰 수 있게 된다.
세상을 바꿀 만큼 어마어마한 꿈을 품고 있는 사람이라면 그 꿈을 친구, 선배, 후배, 동료와 기꺼이 나누어야 한다. 그것이 꿈을 이루는 한 가지 방법이다.   –스티브 잡스 중에서

멘토가 된 사람들

"잠자는 동안에도 돈이 들어오는 방법을 찾지 못한다면
당신은 죽을 때까지 일을 해야만 할 것이다."

워런 버핏

Warren Buffett

멘토의 중요성

투자가 · 버크셔 해서웨이 CEO

—— 부자가 되려면

세계 금융의 중심지인 뉴욕 맨해튼. 프랑스, 이탈리아, 멕시코, 중국, 일본 등 세계 각국의 최고급 식당이 즐비한 곳이다. 맨해튼에 130 제곱미터(40평) 정도 되는 식당을 열려면 한 달 임대료만 3만 달러를 내야 한다. 우리 돈으로 3000만 원이 넘는다.

이곳에 레니스라는 샌드위치 가게가 있다. 레니스는 직영점 7개를 갖고 있다. 레니스의 1년 매출액은 2000만 달러! 퀴즈노스, 서브웨이 같은 미국의 대표적인 브랜드보다 비싼 가격으로 샌드위치를 파는데도 사람들이 몰린다. 이 레니스의 주인은 한국인 레니 주이다. 레니 주가 운영하는 샌드위치, 스테이크 하우스의 총매출액은 연간 4000만 달러를 웃돈다. 1983년 맨손으로 미국에 건너가 40대에 이미 백만장자가 된 레니 주가 가장 존경하는 사람은 전설적 투자자 워런 버핏이다. 다음은 레니 주가 워런 버핏에게 배웠다고 주장하는 '부자가 되기 위한 7가지 법칙'이다.

1. 겁내지 말고 도전하라.
2. 처음부터 부자로 출발하는 사람은 없다. 가난을 딛고 일어서라.
3. 부지런해라. 게으른 부자는 없다.
4. 젊을 때 벌어야 한다. 나이가 들수록 기회는 줄어든다.
5. 실력이 뒷받침되어야 한다.
6. 남들이 회피하는 분야에 몰두하라.
7. 은퇴해서도 즐길 수 있는 일을 찾아라.

—— **오마하의 현인**

워런 버핏. 오마하의 현인이라 불리는 투자자이다. 열한 살에 투자를 시작해서 26세에 투자조합을 결성한 후 50년 넘게 연평균 25퍼센트 수익률을 낸 투자의 신이다. 800억 달러(89조 2000억 원)에 달하는 재산을 보유한 세계 최고의 부자 중 한 사람이며, 가장 영향력 있는 경제인이자 미국 젊은이들이 가장 존경하는 사람이다. 그러면서 점심으로 햄버

거와 콜라를 먹고, 25달러짜리 스테이크를 즐기며, 50년째 같은 집에서 살고 있다.

투자자란 뭐 하는 사람인가? 쉽게 말해 돈놀이를 하는 사람이다. 돈 놓고 돈 먹기가 업業인 사람이다. 만약 워런 버핏이 그저 높은 수익을 내는 투자자에 불과했다면 오늘날 그는 이렇게까지 존경받지 못했을 것이다. 2006년, 그는 전 재산의 85퍼센트인 370억 달러를 기부하면서 역사상 가장 많은 재산을 기부한 자선가로 기록됐다(워런 버핏의 자식들은 워런 버핏의 부인 수전이 작고할 때 유산으로 아주 조금, 그러니까 우리 돈으로 100억 원씩 이미 받은 상태이다).

워런 버핏은 1930년 미국 네브래스카주의 작은 도시 오마하에서 태어났다. 그는 어린 시절부터 돈 모으는 데 천부적인 재질이 있었다. 열한 살 때 시티스 서비스란 석유회사의 주식 3주를 주당 38달러에 사서 40달러가 되었을 때 팔아 6달러를 차익으로 남겼다(조숙해도 너무 조숙하다). 얼마 뒤 시티스 서비스 주가가 주당 200달러가 되자, 열한 살 꼬마 워런 버핏은 땅을 치며 이렇게 한탄했다고 한다.

"조금만 더 참았더라면 다섯 배가 남는 건데!"

─── 청년 부자

어린 나이에 일찍 돈맛을 알게 된 워런 버핏은 고등학교에 들어가서 렌터카 사업과 핀볼 게임기 대여 사업을 했다. 중고차와 중고 게임기를 사서 수리한 후 빌려주는 일이었다. 이 비즈니스를 착실히 한 끝에 1947년, 우드로 윌슨 고등학교를 졸업할 때쯤 그는 이미 6000달러를 모았다.

워런 버핏은 이때 대학에 갈 생각이 없었다. 그는 대학 등록금으로 차라리 괜찮은 사업에 투자하는 것이 훨씬 가치 있다고 여겼다. '대학은 자기가 무엇을 하고 싶어 하는지 모르는 사람들이나 가는 곳'이라고 생각했다. 그는 자기가 뭘 하고 싶은지 확실히 알고 있었다. 그게 뭐였을까? 바로 '돈 버는 일'이었다. 워런 버핏은 부모님께 "대학 진학은 시간 낭비, 돈 낭비예요. 대학 갈 돈으로 새로운 사업이나 투자를 하고 싶어요"라고 말했다. 이때 워런 버핏의 아버지 하워드 버핏은 이렇게 타일렀다.

"네 뜻은 잘 알겠다만 사업은 어려운 일이다. 지금처럼 놀이하듯 할 수 있는 게 아니야. 나는 네가 대학에 가서 경제학과 경영학을 공부하길 바란다. 그래야 앞으로 네가 추구하는 분야에서 대가가 될 수 있다. 한 분야의 대가가 되려면 순발력이나 재치만으로는 부족하다."

아버지는 현명한 사람이었다. 워런 버핏은 아버지의 설득에 무릎을 꿇었다. 그리고 저 유명한 펜실베이니아대학교의 와튼 스쿨에 들어간다. 워런 버핏은 와튼 스쿨에서 나름 열심히 공부했지만 대학 생활에 그다지 재미를 느끼지는 못했다.

여자 친구도 없었고, 친구들과 어울려 술도 마시지 않았다. 남들이 술을 마실 때 그는 콜라를 마셨다. 나중에 그는 콜라 회사에 많은 돈을 투자했다. 그가 술을 좋아했다면 위스키 회사에 투자했을지도 모른다. 그의 유일한 취미는 남학생 사교 클럽의 토요일 파티에 펩시콜라를 들고 나타나 구석에서 친구들에게 주식 강의를 하는 것이었다. 청춘을 그다지 재미있게 보냈다고는 말할 수 없다.

───── 스승을 만나다

와튼 스쿨을 졸업한 워런 버핏은 1950년, 컬럼비아 경영대학원에 등록했다. 그가 컬럼비아 경영대학원에 등록한 이유는 전설적 투자가 벤저민 그레이엄이 이곳에서 가르치고 있었기 때문이다. 워런 버핏은 벤저민 그레이엄의 책《증권 분석》을 읽고 마치 새로운 세상을 본 듯했다. 벤저민 그레이엄은 누구이며,《증권 분석》은 어떤 책인가?

당시 56세였던 벤저민 그레이엄은 1920년대부터 주식 투자를 해왔다. 그는 1930년대에 들어서서 자신의 저서에서 이렇게 주장해왔다.

"대다수 투자자는 그들이 투자하는 기업의 질을 따져보고 주식을 구입하지 않는다. 그들은 감정적인 이유로 주식을 구입한다. 또는 다른 사람들의 투자 방식을 모방해서 주식을 사고판다. 주식 중개인들은 떼로 몰려다니며 서로를 따라 하고, 투자자들은 주식 가격이 빨리 오르지 않으면 공포에 사로잡히고 만다."

《증권 분석》은 기업의 재무 상태를 꼼꼼하게 연구해서, 발전 가능성이 크고 미래에 드러날 자산을 많이 보유한 기업을 찾아내는 일을 중요시했다. 회사가 보유한 자산과 현금을 감안할 때, 주식 가격이 비교적 낮게 책정된 기업(이걸 그레이엄은 '숨은 보석'이라고 불렀다)을 찾아내는 데 집중해야 한다는 것이다. 당장의 주가나 시세에 따라 판단하지 않고 회사의 미래성과 경제성을 따져보고 하는 투자가 바로 가치 투자라는 것이다.

워런 버핏은 자기 스스로 멘토를 찾았다. 벤저민 그레이엄의 저서를 읽고, 그의 사상을 직접 전수받기 위해 컬럼비아 경영대학원에 진학한 것이다. 워런 버핏의 기대대로 벤저민 그레이엄 교수는 그의 평생 멘토가 됐다. 벤저민 그레이엄은 좋은 스승이었다. 워런 버핏의 친구 월터 슐로스는 벤저민 그레이엄에 대해 이렇게 회고했다.

"선생님은 명석한 사고력의 소유자였으며 근본에 충실한 사상가였다. 높은 윤리적 잣대를 갖고 계셨고 신중하며 겸손했다. 가르치는 데 시간을 아끼지 않았고 젊은이들에 대한 배려가 넘치는 분이었다. 내가 군에서 제대할 무렵인 1945년 말, 선생님이 자신의 회사에서 증권 분석가로 일해보지 않겠느냐고 제의해왔다. 그 이후 내 인생은 완전히 달라졌다. 나는 선생님이 다른 친구들에게도 나에게 했던 것처럼 도움의 손길을 내밀었다는 것을 나중에 알게 됐다."

역시, 동서고금을 막론하고 좋은 스승이란 공부도 잘 가르쳐야 하지만 취업 알선에도 앞장서야 하는 법이다.

─── 배우고 때로 실천하면

워런 버핏은 멘토를 찾는 것으로 그치지 않았다. 그는 벤저민 그레이엄 교수의 가르침을 그대로 실천했다. 워런 버핏은 '가치 투자'를 하기 위해 적당한 회사를 물색했다. 1951년 봄의 어느 토요일, 워런 버핏은 가족을 만나러 워싱턴에 갔다. 마침 워싱턴엔 스승인 벤저민 그레이엄 교수가 이사로 활동하고 있는 가이코 보험회사가 있었다. 그는 가이코사 빌딩을 찾아가 관리인에게 물었다.

"혹시 오늘 나와서 일하는 사람이 있나요?"

관리인은 워런 버핏을 잠시 쳐다본 후 대답했다.

"6층에 가면 있을 거요. 엘리베이터를 타고 가시오."

워런 버핏은 6층에 가서 열심히 일하고 있는 한 사람을 발견했다. 그는 가이코 임원인 로리머 데이비슨이었다. 로리머 데이비슨은 회사에 대해 궁금해서 찾아왔다는 젊은 청년에게 기꺼이 시간을 내주었다. 오후 내내, 워런 버핏은 로리머 데이비슨에게 회사의 재정 상태와 성장 가능성 등에 대해 물었다.

로리머 데이비슨은 스물한 살짜리 청년의 날카로운 질문에 놀라며 성실하게 설명해줬다. 워런 버핏은 긴 시간 동안 대화를 나눈 뒤, 가이코가 보험 대리점 운영보다는 우편 판매로 운영비를 줄이고 공무원들에게 대거 보험 판매를 함으로써 안정적으로 경영을 한다는 사실을 알아냈다. 그 결과 가이코가 비용으로 지불하는 액수보다 훨씬 많은 돈을 벌어들이고 있다는 사실도 캐냈다(대단한 스파이이다).

맨해튼으로 돌아온 워런 버핏은 친한 주식 중개인들에게 가이코사 주식 매입에 대한 의견을 구했다. 대부분의 주식 중개인은 가이코라는 회사에 대해 들어보지도 못했다면서 "우리가 모르는 회사는 별 볼일 없으니 주식을 매입하지 마라"라고 조언했다. 그러자 워런 버핏은 직접 가이코의 재무 기록을 연구했다. 이때부터 워런 버핏은 회사들의 재무

제표 보는 것을 취미로 삼았다. 연구 결과, 가이코사는 벤저민 그레이엄 교수가 말한 대로 '숨은 보석 같은 기업'이라는 확신을 얻었다. 워런 버핏은 가이코사에 투자했고 좋은 결과를 얻었다.

─── 청출어람

워런 버핏의 청년 시절은 멘토를 구하고, 멘토의 가르침을 실천하는 시기였다. 그러나 워런 버핏은 여기에서 그치지 않았다. 그는 멘토를 뛰어넘었다. 훌륭한 제자는 스승을 찾고, 스승을 따르고, 결국은 스승을 떠나야 한다.

워런 버핏은 전 과목 A+라는 훌륭한 성적으로 컬럼비아 경영대학원을 졸업했다. 대학원을 졸업한 1954년부터 2년 동안, 워런 버핏은 스승인 벤저민 그레이엄의 투자조합에 들어가 일했다. 1956년, 벤저민 그레이엄이 투자조합을 해산하고 은퇴하자 워런 버핏은 자신만의 방식으로 투자하기로 결심했다.

그는 스승과 자신이 실제 투자에서는 서로 다른 견해를 갖고 있다는 사실을 깨닫게 됐다. 워런 버핏은 기업 분석을 더 깊이 하길 원했지만 벤저민 그레이엄은 투자자에게 안정성을 제공할 수 있는 투자를 추구했다. 그 때문에 저평가 주식에 집중했고 투자 자산의 3분의 2를 이런 주식을 매수하는 데 할당했다.

워런 버핏은 벤저민 그레이엄 밑에 있을 때는 스승의 의견을 따랐다. 그러나 독립하고 나서는 새로운 길을 개척하기 시작했다. 저가 매수만을 기준으로 투자를 바라보는 데서 한 걸음 더 나아갔다. 워런 버핏은 주식을 '변화하는 비즈니스'로 간주했다. 그 과정에서 기본적으로는 가치를 추구하면서 성장을 또 다른 중요한 변수로 생각했다. 더불어 기업의 대차대조표를 세밀히 분석하고 회사의 펀더멘털(경제 상태를 표현하는 데 가장 기초적인 자료가 되는 지표)과 성장 전망에도 관심을 가졌다.

워런 버핏은 25세가 되어 고향인 오마하로 돌아왔고, 이곳에서 자신만의 투자 비즈니스를 시작했다. 그리고 수년 후, 결국 그는 스승인 벤저민 그레이엄을 뛰어넘는 투자가가 됐다.

──── 멘토를 찾아서

워런 버핏의 청년 시절이 우리에게 시사하는 것은 무엇인가? 청년 시절에 반드시 멘토를 만나야 한다는 사실이다. 청년 시절, 나의 멘토는 김동길 선생이었다. 1년에 두어 번 선생을 찾아뵙고 이야기를 나누곤 했다. 언젠가 아이와 함께 선생을 찾아뵈었을 때, 그분은 이야기 끝에 이렇게 물으셨다.

"그래, 《르 피가로》는 읽고 있는가?"

순간 당황하지 않을 수 없었다. 필자는 대학에서 불문학을 전공했지만, 대학 시절은커녕 지금까지 '르 피가로'의 '르' 자도 읽어본 적이 없었기 때문이다.

"그게…아직…"

"공부 안 하면 자꾸 잊어버리게 돼. 《르 피가로》도 읽고 《르 몽드》

미국 하원에 참석하여 의원들과 청중 앞에서 연설하는 워런 버핏(1991년)

도 읽게나."

"네…."

필자는 아이 앞에서 선생께 이렇게 훈계를 들었다. 정말 몸 둘 바를 모르게 부끄러웠다. 선생의 책상 위에는 영자신문과 《르 피가로》, 《요미우리신문》 등이 쌓여 있었다. 70대 노교수도 저렇게 공부를 하는데…. 그날 이후 가끔 필자는 '불어를 다시 배울까?', '알리앙스(Alliance Francais의 준말 - 프랑스어 학원)에 등록할까?' 하는 생각을 하곤 한다. 자극을 받은 것이다.

멘토란 어떤 사람일까? 명석한 사고력의 소유자? 근본에 충실한 사람? 높은 도덕성을 가진 사람? 신중하며 겸손한 사람? 젊은이에 대한 배려가 넘치는 사람? 워런 버핏처럼, 청춘의 한때 자신이 가고자 하는 분야의 최고 전문가를 멘토로 삼을 수 있는 사람은 행운아가 아닐 수 없다.

화가 페르낭 레제는 "어느 시점에서 한 번쯤은 스승에게 '뒈져라!'라는 욕을 하지 않는 제자는 믿을 수 없다"라고 말했다. 그렇다. 어느 시점에서 한 번쯤 우리는 스승에게 "뒈져라!"라는 욕을 해야 한다. 왜? 훌륭한 제자는 선생을 뛰어넘는 자이어야 하기 때문이다. 청출어람! 페르낭 레제의 말은 그런 뜻이다.

가능한 한 자주 만나서 이야기를 나눌 수 있는 멘토를 만나라. 멘토를 만났으면 그에게 가르침을 받아라. 그가 보는 신문을 보고, 그의 투자처를 알아내고, 그의 행동을 모방해라. 그의 사상을 훔치고, 그의 정신을 본받고, 그의 뜻을 추종해라. 그를 인생의 모델로 삼아라. 그리고…그를 넘어서라. 물론 절대로 "뒈져라!"라는 말은 하지 마라.

워런 버핏이 젊은이들에게

"돈을 벌면 쓰고 싶어지는 게 사람입니다. 나 역시 그렇습니다. 그러나 나는 '돈을 낭비하는 것은 바보 같은 짓'이라는 신조로 평생을 살아왔습니다.

언젠가 공항에서 내 친구 케이 그레이엄이 공중전화를 써야 한다며 10센트를 빌려 달라고 했습니다. 내 주머니를 뒤져보니 25센트가 있더군요. 나는 그걸 10센트 동전으로 바꾸려고 여기저기 두리번거렸습니다. 케이 그레이엄은 '잠깐, 그냥 그걸 줘' 하면서 25센트짜리를 전화기에 쑥 밀어 넣더니 '나머지 15센트는 팁이라 생각해, 워런' 하며 웃더군요. 제가 그때 낭비된 15센트를 얼마나 두고두고 아까워했는지 아십니까?

네. 물론 저는 수조 원에 이르는 재산을 가진 사람입니다. 재산이 많으면 적은 돈은 쓸데없이 써도 되나요? 아닙니다. 옛말이 하나도 틀리지 않습니다. 티끌 모아 태산이고 천 리 길도 한 걸음부터입니다.

248

여러분이 부자가 되고 싶다면 동전부터 귀하게 여겨야 합니다. 10센트를 우습게 아는 사람은 결코 1만 달러를 모을 수 없습니다.

물론 동전 하나를 아까워하는 저를 구두쇠라고 하진 마십시오. 다른 사람을 도울 때는 아무리 큰돈도 아깝게 생각하지 않으니까요."

"어제 있었던 일을 걱정하기보다는 내일을 상상하자."

– 스티브 잡스

스티브 잡스

Steve Jobs

위대한 예언가

애플 창업자

—— **세상을 바꾼 사람**

2011년 10월 5일, 세계는 공황에 빠졌다. 멘털 붕괴라는 말이 이때처럼 어울린 적도 없었다. 애플의 창업자 스티브 잡스가 56세를 일기로 세상을 떠났기 때문이다. 췌장암 판정을 받고 간이식 수술까지 견디며 투병했던 그는 결국 가족뿐 아니라 IT 추종자들과 세계 시민들의 심심한 애도를 받으며 한 시대의 마침표를 찍었다.

스티브 잡스(1955~2011)는 20대에 이미 세계적인 컴퓨터 회사의 대표였다. 사망 당시 그의 재산은 83억 달러(9조 2600억 원)였는데《포브스》집계로 세계 110위였다. 그는 세계에서 제일 돈이 많은 사람은 아니다. 또 세계에서 제일 큰 회사의 CEO도 아니다. 세계에서 제일 유명한 사람도 물론 아니다. 그러나 그는 '산 자와 죽은 자를 막론하고 모든 미국인 중에서 가장 위대한 인물'이라는 평가를 받는다. 혹자는 위의 코멘트 중 '모든 미국인'을 '모든 세계인'으로 바꾸어도 무방하다고 생각한다.

그러면 도대체 스티브 잡스가 어떤 사람이기에? 아마도 여러분은 그가 아이팟이나 아이폰, 아이패드를 만드는 회사의 대표라고 생각하고 있을 것이다. 물론 맞다. 그는 세계에서 처음으로 컴퓨터라는 하드웨어를 상품으로 생산해 팔기 시작한 사람 중 하나이다. 그는 실리콘밸리의 성공 신화를 일구어낸 전설적인 IT 1세대 중의 한 사람이며 픽사라는 영화사를 만들어 애니메이션에 새로운 패러다임을 도입한 사람이기도 하다.

그는 무엇보다도 개인용 컴퓨터가 세상을 지배할 것이라는 사실을 정확히 간파한 사람이었다. 미국의 투자 전문가 마이클 모리츠에 따르면, 스티브 잡스는 '역사상 처음으로 현대의 전자제품을 욕망의 대상으로 바꾸어놓은 사람'이다. 그가 아이폰을 만들기 전까지 휴대전화는 그저 휴대할 수 있는 전화기에 불과했다. 아이폰이 나온 뒤부터, 휴대전화는 이제 더는 휴대전화만이 아니었다. 아이폰은 우리의 감정이며 유희이며 뇌가 되어버렸다.

스티브 잡스가 전자제품을 욕망의 대상으로 바꾸어놓았다고? 이런 표현이 더 맞지 않을까? '그는 전자제품을 아예 우리 신체에 이식해놓았다.' 그러므로 스티브 잡스는 더는 기업가가 아니다. 그는…신이다.

인간의 생체에 전자 부품을 조립해서 '아이-퍼슨I-Person'이라는 새로운 피조물을 만드는. 칭찬도 이쯤 되면 예술이다.

그에 대한 평가는 다양하다. '카리스마가 있다. 똑똑하다. 독창적이다. 기회주의적이다. 자기중심적이다. 완벽주의자이다. 도발적이다. 비밀스럽다. 거만하다. 까다롭다. 고집이 세다. 열정적이다. 비전이 있다….' 한 사람에 대한 평가가 이렇게 엇갈리기도 쉽지 않은 일이다. 그런데도 사람들은 그가 21세기의 가장 훌륭한 기업가 중 한 사람이라는 사실에는 동의한다. 디지털 칼럼니스트 시릴 피베는 이렇게 말한다.

"넓은 의미에서 볼 때, 그는 '세상을 바꾸는 데' 성공했다."

──── 시인, 배우, 마술사 그리고

그는 호기심이 강한 시인이며, 배우의 시간 감각과 마술사의 속임수를 가진 사람이다. 또 자기 주변 사람들을 홀리는 사람이었다. 그럼 청년 시절의 스티브 잡스는? 미래를 내다보는 예언자였다.

스티브 잡스는 실리콘 밸리에서 어린 시절을 보냈다. 그는 어렸을 때부터 가전제품 따위에 관심이 많았다. 이웃에 살고 있던 휴렛팩커드의 엔지니어 래리 랭은 어린 스티브 잡스에게 전자 부품을 이용해 물건 만드는 법을 가르쳐줬다. 스티브 잡스는 그 시절을 이렇게 회상한다.

"그 후로 어떤 제품을 보더라도 더는 신비하게 느껴지지 않았죠. 물건들은 사람이 작업한 결과라는 것을 분명히 알게 된 겁니다. 그 속에 무엇이 들어 있는지를 알게 되면 그 이상 신비롭지 않잖아요."

테크놀로지 신봉자이자 해커였던 스티브 잡스는 스물한 살이던 1976년, 컴퓨터 조립의 천재 스티브 워즈니악을 만났다. 의기투합한 두 사람은 거의 1300달러를 갖고 애플 컴퓨터라는 회사를 차렸다. 회사의 주소는 캘리포니아주 로스앨터스 크리스트 드라이브 2066번지 - 바로 스티브 잡스의 집 차고였다. 이곳에서 두 사람은 애플 컴퓨터를 수공업 방식으로 조립해 판매하기 시작했다. 그리고…애플은 8년 만에 연 10억 달러 이상 매출을 올리는 기업으로 성장했다. 주식 가격은 25억 달러를 넘어서게 되었다. 역사상 가장 짧은 기간에 《포천》이 선정한 세계 500대 기업이 됐고, 10주년이 되기도 전에 미국 100대 기업에 올랐으며, 백만장자가 된 직원 수만 해도 셀 수 없을 정도였다. 실리콘 밸리에서 탄생한 그 어떤 기업의 업적도 애플에 비하면 왜소하기 짝이 없었다.

이 모든 성공을 거두었을 때 스티브 잡스의 나이는 겨우 스물아홉 살이었다.

그의 청년 시절을 들여다보면 마치 예언자의 삶을 보는 듯하다. 스티브 잡스는 한번 주장을 펼치면 사람들을 꼼짝 못 하게 만드는 재주가 있었다. 미래에 대한 정확한 비전과 그를 바탕으로 한 설득 - 명령으로. 그는 자기를 따르는 사람들과 비전을 공유했다. 스티브 잡스는 역사상 둘째로 위대한 비전 공유자였다(첫째는? 여러분이 믿는 종교의 창시자이다). 비전을 공급받은 사람들에게 그가 한 말들은 곧 계시와 같은 힘을 발휘했다. 마치 신도들이 교주의 말을 따르는 것과 같았다.

1982년까지 스티브 잡스와 함께 리사 컴퓨터 및 매킨토시 컴퓨터 프로젝트를 함께 진행했던 트립 호킨스는 이렇게 말했다.

"잡스와 리사 프로젝트를 진행하던 시절부터 그는 종종 '우주에 흔적을 남길 만큼 아주 중요한 컴퓨터를 만들겠다'고 말했다. 과대망상으로 여겨질 수도 있었지만 인생을 즐기지 못하고 연구실에 틀어박혀 일만 하는 엔지니어들은 그의 말에 가슴이 뜨거워졌고 의욕을 얻었다. 잡스의 비전은 대단히 강렬했다. 그가 무엇을 믿으면 그 비전의 힘은 그 앞의 어떤 장애물이나 문제점도 단숨에 날려버릴 정도로 강했다. 우리는 돈 때문에 일한 게 아니었다. 정말로 세상을 바꾸기 위해 일했다."

스티브 잡스는 밤낮없이 일하는 매킨토시 개발 팀 50여 명에게 이렇게 말했다.

"우리는 애플의 변화를 주도할 수 있는 유례없는 기회를 맞고 있습니다. 매일매일 여기서 우리가 하는 작업은 전 세계를 진동시킬 만큼 강한 충격파가 될 것입니다. 나는 우리가 만들고 있는 충격파의 수준에 정말로 감동하고 있습니다."

—— 비전을 공유하다

1984년 저 유명한 매킨토시 출시를 앞두고 애플은 비상에 걸렸다. 직원들은, 일주일에 90시간씩 일해도 매킨토시에 적합한 소프트웨어를 개발하기 어렵다는 사실을 깨닫게 됐다. 1983년 5월에 출시하겠다는 약속을 이미 다음 해로 미룬 상태였다. 소프트웨어 팀은 그렇게 해도 시간이 모자란다는 것을 깨닫고 당황했다. 이런 치명적인 상황을 스티브 잡스에게 알리지 않을 수 없었다. 그들은 보고를 받은 스티브 잡스가 당연히 고래고래 소리를 지를 것이라고 예상했다. 가슴 졸이던 개발 팀에게 스티브 잡스는 이렇게 말했다.

"나는 여러분이 얼마나 훌륭한지 잘 압니다. 애플이라는 회사 전체가 당신들을 중요하게 여기고 있습니다. 여러분은 최고입니다. 여러분이 못 할 일은 없습니다. 소프트웨어는… 기한 내에 완성할 수 있을 것입니다. 나는 당신들의 능력을 믿고 있습니다."

개발 팀은 어안이 벙벙했다. 지금까지도 줄곧 빡빡한 일정에 시달려왔던 그들이었다. 월요일부터 토요일까지 매일 열다섯 시간씩 일해왔던 그들은 완전히 기진맥진한 상태였다. 그런데도 스티브 잡스의 말은 그들의 도전 의욕을 자극했다. 그들은 작업실로 돌아갔다. 스티브 잡스의 격려가 있던 날 이후 일주일 동안, 그들은 매일 스무 시간 넘게 일했다. 그들은 더는 인간이 아니었다. 초인적인 능력이 발휘되었고 연구 개발은 계획대로 진행됐다. 그리고…출시 예정일 새벽에 소프트웨어는 완성되었다.

1984년 1월 24일, 완성된 매킨토시가 처음 소개됐고 발매 후 100일 만에 (당시로서는 경이적인) 7만 대 판매라는 대기록을 세웠다.

1983년 3월, 스티브 잡스는 존 스컬리에게 애플의 CEO를 맡아 달라고 요청했다. 젊은 패기만으로는 커져가는 애플을 감당할 수 없었으며, 노련한 경영인이 필요했다. 그때 존 스컬리는 세계 굴지의 기업인 펩시콜라의 대표였다. 그를 설득하기 위해 스티브 잡스는 자신이 그를 얼마나 신뢰하고 있는지, 공동 목표를 달성하기 위해 자신이 얼마나 확고한 의지를 지니고 있는지 설파했다. 그리고 마지막에 이렇게 말했다.

스티브 잡스가 개발한 최초의 개인용 컴퓨터 매킨토시 128K(1984년)

"당신이 펩시에 남는다면 5년 후 당신이 이룬 것은 아이들에게 설탕물을 팔아댄 것밖에는 없을 것입니다. 애플에 오신다면 당신은 세상을 바꿀 수 있습니다."

존 스컬리는 이 말에 넘어갔다. 그리고 애플을 택했다. 이런 말은 시인이며 예언자이자 비전 공유자인 예수 같은 사람이나 할 수 있는 말이다. 청년 스티브 잡스는 시인이며 예언자이며 비전 공유자였다.

── 상실과 사랑

그런데 스티브 잡스는 자신이 고용한 존 스컬리에 의해 1년 뒤 애플사에서 쫓겨났다. 애플 이사회가, 스티브 잡스보다 존 스컬리가 애플사의 미래에 더 적합하다고 판단을 내렸기 때문이다. 아이러니하게도, 이 결정은 스티브 잡스를 IT 업계의 거물로 다시 우뚝 서게 만들었다. 이에 대해 스티브 잡스는 2005년 스탠퍼드대학교 졸업식 축사에서 이렇게 말했다.

"나는 일찍부터 내가 하고 싶은 것을 발견했습니다. 운이 좋았죠. 워즈(애플 공동창업자)와 나는 우리 부모님의 차고에서 애플을 시작했습니다. 그때 나는 스무 살이었습니다. 우리는 열심히 일했습니다. 10년이 지난 후 애플은, 20억 달러 매출을 올리고 직원 4000명을 가진 회사로 성장했습니다.

매킨토시 컴퓨터를 1년 빨리 시장에 출시했을 때 나는 막 서른 살이 됐습니다. 그리고 나는 해고를 당했습니다. 어떻게 자신이 만든 회사에서 해고를 당할 수 있느냐고요? 글쎄, 애플이 커가면서 우리는 회사를 운영할 어떤 사람을 고용했고, 첫해는 그럭저럭 잘되어갔습니다. 그러나 그 후 우리들의 미래에 대한 관점에서 차이가 나기 시작했습니다. 마침내 우리는 추락하기 시작했습니다. 우리 회사 이사회는 그를 지지했고, 서른 살이었던 나는 쫓겨났습니다.

첫 몇 달 동안 나는 무엇을 할지 정말 몰랐습니다. 나는 아주 공식적인 실패자였습니다. 도망쳐 떠나버릴까도 생각했습니다. 그러나 어떤 생각이 떠오르기 시작했습니다. 나는 여전히 내가 하는 일을 사랑하고 있다는 것이었습니다. 애플에서 해고당한 일이 그 생각을 조금도 바꾸진 않았습니다. 나는 거부당했지만, 여전히 내 일을 사랑하고 있었습니다. 나는 새롭게 출발하기로 결심했습니다.

그때는 몰랐지만, 애플에서 해고된 일은 내게 일어날 수 있었던 일 중 최고의 경험이었습니다. 성공에 대한 부담은, 모든 것에 확신은 갖고 있지는 않았지만, 새롭게 다시 시작할 수 있다는 가벼움으로 대체되었습니다. 그 가벼움이 내 삶에서 가장 창조적이었던 시기로 들어갈 수 있도록 나를 자유롭게 해주었습니다."

스티브 잡스는 애플에서 나온 뒤 5년 동안 넥스트, 픽사 같은 회사를 시작했다. 그리고 나중에 그의 아내가 된 로린을 만나 사랑에 빠지기도 했다. 픽사는 세계 최초로 컴퓨터 애니메이션 영화인 〈토이스토리〉를 만들었고, 지금은 세계에서 가장 성공적인 애니메이션 회사가 됐다.

세상은 새옹지마이다. 놀라운 반전 속에서 애플은 넥스트를 사들였고 스티브 잡스는 애플로 복귀했다. 그가 넥스트에서 개발한 기술은 애플의 새로운 사업에서 핵심 역할을 했고, 현재 르네상스의 핵심이 됐다. 스티브 잡스는 애플의 해고에 대해 또 이렇게 회고했다.

"내가 애플에서 해고되지 않았더라면, 앞에서 말한 일들은 일어나지 않았을 것이라고 나는 확신합니다. 약은 먹기 두렵지만, 어떤 환자에게 그것은 꼭 필요합니다. 인생이 때로 여러분을 고통스럽게 하더라도 신념을 잃지 말기 바랍니다.

나를 이끌어간 유일한 것은, 내가 하는 일을 사랑했다는 것이었다고 나는 믿습니다. 여러분은 여러분이 사랑하는 것을 찾아야 합니다. 그건 마치 당신이 사랑하는 사람을 찾는 것과 마찬가지입니다.

여러분이 하는 일은 여러분 인생의 많은 부분을 채울 것입니다. 여러분이 진정으로 만족하는 유일한 길은 여러분 스스로 훌륭하다고 믿는 일을 하는 것입니다. 그리고 훌륭한 일을 하는 유일한 길은 여러분이 하는 일을 사랑하는 것입니다. 만일 그것을 아직 찾지 못했다면, 계속 찾으십시오. 주저앉지 마십시오. 언젠가 그것을 발견할 때 여러분은 마음으로부터 그것을 알게 될 것입니다."

─── 위대한 꿈

1974년 초 리드 칼리지를 중퇴한 스티브 잡스는 영적인 경험을 위해 인도 여행을 결심했다. 그는 여행 경비를 마련하려고 비디오게임 회사인 아타리Atari에 면접을 보러 가서 시간당 5달러를 받는 엔지니어로 채용됐다. 아타리 인사부장 앨콘은 그때의 일을 이렇게 기억했다.

"리드 칼리지 중퇴생이라는 스티브 잡스는 그때 겨우 열아홉이었습니다. 그 괴상한 친구는 자신을 써주지 않으면 돌아가지 않겠다고 했죠. 한마디로 막무가내였어요."

대학 때부터 프루테리언(fruitarian- 식물의 열매만 먹는 채식주의자들) 생활을 한 잡스는 때로 일주일씩 단식하기도 하고 당근 샐러드만 먹기도 했다. 대신 씻지 않았다. 어떤 때는 한 달 동안 샤워를 하지 않았다. 당연히 그에게서 악취가 났다. 스티브 잡스는 아타리에서, 다른 직원들이 일하지 않는 밤에 주로 근무했다. 그 덕분에 직원들은 노숙자 같은 그와 마주치지 않았다. 비록 외모는 괴상하고 몸에서 냄새는 났지만, 스티브 잡스는 실력 있는 엔지니어였다.

스티브 잡스는 얼마 뒤에 인사부장 앨콘을 찾아가 "인도에 갔다 오겠다"라고 말했다. 뛰어난 엔지니어를 놓치기 싫었던 앨콘은 "독일에서 막 출시된 아타리 게임에 문제가 생겼으니 그걸 해결하면 인도로 가도 좋다"라며 타협안을 제시했다. 스티브 잡스는 그러겠다고 말하고 독일로 떠났다.

근엄한 독일 사람들은 아타리 본사에서 보낸 엔지니어를 보고 경악했다. 그들이 본사에 전화를 걸어 "왜 그런 사람을 보냈느냐?"라고 항의하는 사이, 스티브 잡스는 아타리 게임의 프로그램 문제를 해결하고 바로 인도로 떠났다(스티브 잡스가 게임을 제대로 되게 만드는 데는 두 시간도 채 안 걸렸다).

인도에서 스티브 잡스는 친구 다니엘 코트키와 함께 히피처럼 지냈다. 티셔츠와 청바지 대신 인도 전통 의상 룽기를 입고 수도승처럼 동냥을 하며 인도를 돌아다녔다. 인도 여행이 끝나갈 무렵 스티브 잡스는 '영적인 스승을 만나 내 존재의 근원에 대해 물어봐야겠다'는 희망을 품고 히말라야로 떠났다. 히말라야 초입에서 스티브 잡스는 세찬 폭풍우를 만났고 모래 구덩이에 엎드려 기도했다.

'이곳만 벗어나게 해주면 착한 사람이 되겠습니다.'

스티브 잡스는 히말라야에 도착하지도 못하고 어느 마을에서 옴이 옮고 설사병에 걸려 여행을 포기했다. 스티브 잡스는 인도를 떠나면서 이렇게 생각했다.

'어쩌면 세상을 바꾸는 건 칼 마르크스 같은 혁명가나 님 카롤리 바

2011년 스티브 잡스의 죽음을 애도하며 영국 런던 시민들이 가져다놓은 헌화와 사과

바(인도의 구루) 같은 영적 스승이 아니라 토머스 에디슨 같은 사람일 수도 있겠다.'

영적인 스승을 만나러 간 길에서 스티브 잡스는 오히려 현실적인 꿈을 갖고 돌아왔다. 기술적인 혁신을 통해 세상을 바꾸겠다는 것이었다. 더불어 그는, 자신의 꿈을 다른 사람과 함께 꾸는 방법을 알고 있었다.

리어나도 디캐프리오가 주연한 영화 〈인셉션〉(2010)을 보면 전자 장치로 연결된 여러 사람이 하나의 꿈을 공유하는 장면이 나온다. 내가 꾸는 꿈을 영자도 꾸고 말자도 꾸는 것이다. 〈인셉션〉에서 다수의 사람이 하나의 꿈을 꾸는 것은 허구이다. 그러나 때로 사실은 허구를 능가한다. 전자 장치로 연결하지 않고도 동시에 하나의 꿈을 꾸는 방법이 있다. 비전을 공유하면 된다.

비전을 공유하면, 꿈을 이루기 위해 내가 짊어져야 하는 부담은 n분의 1이 된다. 내 꿈을 나 혼자 가지면 100의 분량을 노력해야 이루어질 수 있다. 그러나 절친과 나누면 50이 되고 동료 열 명과 나누면 10이 된다. 100명과 나누면, 나는 1의 노력으로 100의 꿈을 이룰 수 있게 된다.

세상을 바꿀 만큼 어마어마한 꿈을 품고 있는 사람이라면 그 꿈을 친구, 선배, 후배, 동료와 기꺼이 나누어야 한다. 그것이 꿈을 이루는 한 가지 방법이다.

스티브 잡스가 젊은이들에게

"언젠가 애플 컴퓨터를 뜯어보니 각종 부품이 어지럽게 배치되어
있더군요. 디자인을 맡은 직원에게 '이 안쪽을 좀 예쁘게 정리할 수 없
나?'라고 물었더니 '도대체 컴퓨터 안을 누가 들여다본답니까?' 하고
묻더군요. 나는 이렇게 대답했습니다. '내가.'

중요한 것은 남이 아닙니다. 나입니다. 나는 내가 만드는 애플 컴퓨
터가 예술 작품이라고 생각하지 않습니다. 다만, 겉뿐 아니라 속까지도
아름다웠으면 하고 바랄 뿐입니다. 컴퓨터 안에 부품을 깔끔하게 배치
했다고 가격이 오르는 것도 아니고 누가 상을 주는 것도 아닙니다. 그
러나 지저분한 컴퓨터 내부는 저를 실망시킵니다. 내가 만드는 물건은
우선 내가 보기에 멋져야 합니다. 단지 그 이유 때문에 나는 누가 보든
안 보든, 신경 쓰든 안 쓰든 최고의 디자인 제품을 만드는 것입니다.

아이팟, 아이폰, 아이패드 같은 제품은 나의 고집과 독창성의 산물
입니다. 나는 한 사람의 아이디어가 어디까지 갈 수 있는지 보여주고

싶었습니다. 단지 기능이 뛰어날 뿐 아니라 '와우! 그걸 갖고 있다니, 멋진걸!' 하는 소리를 듣는 물건을 만들어내고 싶었죠. 그러기 위해서 주변의 고정관념과 끊임없이 싸워야 했습니다.

무슨 일을 하든, 우선은 여러분 자신이 만족해야 합니다. 여러분 자신의 기준을 세우고 그것에 부합하도록 노력해야 합니다. 아무도 신경 쓰지 않는 것을 염두에 두고, 당장 돈이 되지 않는 것이라 해도 잘 배워 두고, 안 되면 다시 하면 그만이라는 두둑한 배짱을 가져야 합니다. 독창성은 인내를 갖고 끝까지 반복해나가는 과정에서 부수적으로 생기는 것입니다."

"성공을 바라는 사람이라면 항상 허기와 갈증을 느껴야 한다."

– 스티브 김

스티브 김

Steve Y. Kim

스펙 쌓지 마라

꿈·희망·미래 재단 이사장

────── 나만의 경력을 가져라

"스펙이 뭔가? 남들이 정해주는 기준 아닌가? 대기업이 원하는 기준, 사회가 원하는 기준, 공무원 집단이 원하는 기준이다. 그 기준에 자신을 맞추려고 우리나라 젊은이들은 대학 4년 내내 헛공부를 한다. 그렇게 해서 대기업에 들어가고 취업을 하면 뭐 하나? 또 남들이 시키는 일만 하다 말 텐데."

사회사업가 스티브 김은 청년들에게 "스펙 쌓지 말라"라고 말한다. 스펙 쌓지 말라고? 부모를 잘 만난 것도 아니고, 돈이 많은 것도 아닌

데? 믿을 건 스펙뿐인데? 그의 주장은 이렇다.

"우리나라에서 중·고등학생들은 대학 입시 하나를 위해서 획일적으로 공부하고, 대학생들은 취업 하나를 위해 또 정해진 틀 안에서 공부한다. 그러니 창의력 같은 것은 잊힌 단어가 된 지 오래이다. 미국 대학에서 학생을 뽑을 때 중요하게 생각하는 것은 성적과 더불어 얼마나 봉사활동을 많이 했는가, 운동은 뭘 했는가, 어떤 경험을 했는가, 왜 이 전공을 택했는가, 여행은 많이 했는가, 리더로서 다른 사람들을 이끌어 봤는가…하는 것들이다."

그럼 뭘 해야 하는가? 여긴 미국이 아닌데. 자신만이 할 수 있는 일, 자신만이 가질 수 있는 경험과 경력, 자신만이 갈 수 있는 곳으로 떠나는 여행…이런 것들이 스티브 김이 젊은이들에게 권하는 진짜 스펙이다.

─── 스티브 김은 누구인가?

스티브 김은 미국 이민 1세대 중 가장 성공한 사람 가운데 한 명이다. 미국으로 건너가기 전 우리나라 이름은 김윤종이었다. 1949년 서울에서 태어나 서강대학교 전자공학과를 졸업한 후 1976년 미국으로 갔다. 캘리포니아 주립대학교에서 정보통신학 석사를 딴 뒤 엔지니어로 미국 사회에서 자리를 잡았다. 그는 컴퓨터 네트워크 시스템과 관련한 창업을 두 번 해서 모두 성공적인 회사로 성장시켰다. 1993년 자일랜Xylan이라는 회사를 창업하고 3년 만에 나스닥에 상장했다. 이어 전

미국 산타 클라리타 밸리 비영리 단체에 후원금을 전달한 스티브 김(2018년)

세계 60개 지사를 갖추고 연매출 3억 5000만 달러를 달성하면서 IT 업계의 주목을 받았다.

스티브 김은 창업 6년 만에 자일랜을 알카텔사에 20억 달러에 매각하면서 억만장자 반열에 올랐다. 2007년 1월에는 미국 생활을 정리하고 30년 만에 한국으로 돌아와 '꿈·희망·미래 재단'을 설립해 사회사업과 교육사업에 전념하고 있다.

그는 '아시아의 빌 게이츠'라는 애칭으로 불린다. IT 업계에서 그가 이룩한 업적 때문만은 아니다. 그보다 훨씬 더 많은 매출을 올리는 CEO도 많다. 그보다 더 유명한 사람도 많다. 그러나 스티브 김처럼, 사업에서 번 돈을 사회사업에 쏟아부으며 시간과 노력을 올인하는 사람은 드물다. 스티브 김은 사업에서 은퇴하고 장학복지 재단의 일에만 신경을 쓰고 있다. 빌 게이츠가 마이크로소프트 수장직을 떠나 자선 재단에 전념하듯이.

필자는 '얼마만큼 벌었는가?'가 아니라 '번 돈을 얼마나 사회에 돌려주는가?'를 기준으로 부자들을 선정하고 싶었다. 스티브 김은 그 조건에 딱 들어맞는 사람이다. 스티브 김은 미국에서 번 돈을 가지고 한국에 돌아와 남을 위해 쓰고 있다.

그가 펼치는 중요한 자선사업(그는 교육사업이라고 부른다)은 한국 청소년 리더십센터를 운영하는 것, 한국과 연변의 학생들에게 장학금을 제공하는 것, 북한 나진 선봉 지역에 버스 노선을 만들고 빵 공장과 비료 공장을 지원하는 것, 네팔·캄보디아·필리핀 등에 도서관을 세우는 것 등이다.

——— 가난했던 시절

"나는 가난했기 때문에 성공했고 결핍이 있었기 때문에 성취했다. 내가 부잣집 자식으로 태어났다면 오늘날 같은 성공은 이루기 어려웠을 것이다."

스티브 김의 말이다. 도대체 얼마나 가난했단 말인가? 그는 초등학교 4학년 때, 아버지가 사업에 실패해 세검정으로 이사 가서 살게 되었다. 부모님과 누나, 동생 등 일곱 식구가 살기에는 좁은 집이었다. 지금과는 다르게 당시에 세검정은 산간벽지였다. 시내로 나가는 버스를 타려면 30분 넘게 걸어서 나가야 했다.

스티브 김의 가족은 과수원집에서 셋방을 살았다. 그가 살던 집에는 수도가 없었다. 위로 누나만 셋 있는 집의 장남이었기에 물지게 지는 일은 그의 차지였다. 열한 살이던 스티브 김은 매일 무거운 물지게를 지고 물을 날라야 했다. 전기가 들어오지 않아 촛불을 켜고 공부했고 주식은 수제비였다.

그는 공부를 꽤 잘한 편에 속해서 당시 명문이던 경복중학교에 입학했다. 문제는 교복이었다. 부모님은 스티브 김의 교복을 살 돈이 없었다. 입학식 전날, 잠을 자던 스티브 김은 드르륵거리는 소리에 눈을 떴다. 어머니가 검은색 천으로 뭔가를 만들고 있었다. 어머니는 숙명여고를 졸업한 누나의 교복을 뜯어 스티브 김의 중학교 교복을 만들고 있었다.

"입학식에는 일단 이 옷을 입고 가거라. 형편이 나아지면 새 교복을 사주마."

어머니의 목소리는 가늘게 떨렸고, 밤새 옷을 짓느라 충혈된 눈가도 젖어 있었다. 어린 스티브 김은 그런 어머니를 제대로 바라볼 수 없었다.

옷이 날개라고 했다. 멋지게 옷을 입고 나가면 자신감이 생긴다. 낡은 옷을 입고 나가면 괜히 위축된다. 누나가 입던 낡은 옷감으로 만든 교복을 입은 아이, 중학교 1학년 스티브 김은 부끄러웠다. 다른 아이들은 모두 새 교복을 입고 뽐내고 있었다. 과수원집 셋방 사는 아이는 가끔 수업료를 제때 내지 못했다. 담임 선생은 수업료를 내지 못한 아이들을 따로 앞으로 불러 출석부로 머리를 때리기도 했다(1960~1970년대 우리나라 중학교 선생들은 왜 이리 모질었단 말인가! 특히 수업료 안 가져왔다고 때리는 건 정말 학생들에게 큰 상처를 준다). 이때부터 스티브 김은 결심했다. 기어코 가난을 벗어나리라고. 꼭 성공해서 집안을 일으키리라고.

──── 방황하던 시절

스티브 김은 경복고등학교를 졸업하고 육군사관학교 시험을 쳤다가 신체검사에서 떨어졌다. 턱이 너무 돌출되었다는 것이 이유였다. 첫번째 좌절이었다. 하는 수 없이 재수를 했다. 다행히 그는 영어, 수학, 물리 같은 중요 과목을 좋아했기 때문에 다음 해에 서강대학교 전자공학과에 들어갈 수 있었다. 전자 산업의 초기 시대인 1960년대 말, 전자공학이 전망이 있다고 생각했기 때문이다. 그러나 대학에 다니면서 그는 공부에 큰 흥미를 느끼지 못했다. 이어진 유신 정권 시절, 시국 때문에 수시로 휴교와 폐교가 이어졌다. 청년 스티브 김은 공부보다는 카드놀이, 테니스 치기, 술 마시기, 친구들과 어울려 놀기를 더 좋아했다. 그리고 연애하기!

"대학 시절을 통틀어 가장 기억에 남는 일은 대학 2학년 때 사귄 여자 친구와 연애한 것이다."

스티브 김의 고백이다. 그는 여자 친구와 하루 종일 붙어 다니며 데이트를 했다. 수업을 빼먹고 춘천으로 기차 여행을 가기도 하고 영화를 보기도 했다. 여자 친구는 부잣집 딸이었고 스티브 김은 여전히 가난했기에 데이트 비용은 여자 친구가 댔다. 보다 못한 여자 친구는 스티브 김에게 과외를 해보라고 권했다. 스티브 김은 여자 친구의 여동생과 급우들에게 공부를 가르치면서 용돈을 벌기도 했다. 그랬던 여자 친구는 스티브 김이 대학을 졸업하고 군대에 가 있을 때 그에게 이별을 통보했다. 이유는 "가난한 남자와 결혼할 자신이 없어서"였다(젊은 시절에는 누구나 가난하다는 걸 그녀는 몰랐다. 남자는 마흔이 넘어서 진짜 부자가 된다는 것도 그녀는 몰랐을 것이다. 아마 지금쯤은 후회하고 있을지도 모른다. 필자를 차버린 오래전 그녀처럼).

—— 경영의 자질을 발견하다

스티브 김은 대학을 졸업하고 군대에 갔다. 대학 시절 테니스를 열심히 쳤던 그는 테니스병으로 차출되어 제3 공수여단에 배치된다. 그러나 이곳의 여단장은 테니스를 그리 즐기는 사람이 아니었다. 스티브 김은 엉뚱하게도 PX병으로 발령이 났다. 이 일은 오늘날의 스티브 김을 만드는 데 결정적인 역할을 하게 된다. 민간인이 위탁 경영을 하던 군장점을 맡은 스티브 김은 자기 안에 숨어 있던 사업가 기질을 맘껏 발휘한다. 그가 군장점을 맡은 이후 매출이 전보다 10배나 늘어났다. 어떻게?

스티브 김은 원래 주어진 일만 하는 사람이 아니었다. 다른 사람 같으면 갖다주는 물건을 팔고 설렁설렁 시간을 때우며 제대 날짜나 기다리고 있었을 것이다. 그러나 스티브 김은 뭐든 주도적으로 하는 걸 좋아했다. '이렇게 해보면 어떨까?' '저렇게 바꿔보면 안 될까?'를 늘 생

스티브 김이 소유한 미국 캘리포니아 산타 클라리타에 있는 컨트리 클럽(2018년)

각하는 성격이었다.

하루는 낙하 훈련에 대해 자랑스레 이야기하는 하사관을 보면서 '훈련하는 모습을 사진으로 찍어서 줄까?' 하는 생각을 했다. 그는 공수 특전대의 훈련 모습을 사진에 담아 앨범으로 만들어 팔았다. 직업 군인이었던 하사관과 장교들은 휴가 갈 때 자랑도 할 겸 그 앨범을 즐겨 사 갔다.

생각해보라. "군대에서는 낙하산 훈련도 한다!"라고 입으로 자랑하는 것보다 말없이 앨범을 펼쳐서 보여주는 모습을. 멋지게 위장하고 낙하산을 타고 사뿐히 내려앉는 모습을 사진으로 보면서 호들갑을 떨 장교의 애인 모습을. 하사관의 여자 친구 모습을. 병사의 후배들 모습을

(예나 지금이나 남자들은 모였다 하면 군대 이야기만 하니까).

또 다른 아이템은 도복이었다. 무술 훈련을 많이 하는 공수부대원들은 모두 도복을 입어야 했다. 스티브 김은 이 도복의 뒷면에 '공수특전단'이라는 글씨를 새겨 붙였다. 글씨를 새겨 넣자 도복은 날개 돋친 듯 팔려나갔다(무엇이든 이름을 붙이기 전에는 아무것도 아니다).

이전에는 취급하지 않던 호빵과 우유를 들여다 내놓으니 이것 역시 대박이 났다. 훈련 때문에 자주 시장해지곤 했던 병사들은 호빵을 대량으로 구입해 먹었다. 상사들은 "어떻게 그런 아이디어를 냈느냐?"라며 스티브 김을 칭찬했다. 이때 그는 '사업을 해야 돈을 번다'는 사실을 깨달았고 자신 안에 비즈니스 감각이 본능적으로 살아 숨 쉬고 있다는 것도 알게 됐다.

─── 맨손으로 미국행

군에서 제대한 스티브 김은 고민했다. 이제 무엇을 할 것인가?

"그 당시 대학을 졸업하면 갈 곳이 그리 많지 않았다. 대기업이라야 금성, 대우, 현대 정도였고 은행원 아니면 학교 선생을 해야 했다. 그때 우리 또래 젊은이들은 기업에 들어가면 죽을 때까지 그곳에서 일해야 한다고 생각했다. 평생직장 개념이었다. 그런데 나는 이상하게도 당시 우리나라의 틀에 박힌 기업 분위기가 싫었다. 나 자신을 죽이고 조직에 들어가 지내야 한다는 게…"

스티브 김이 선택한 것은 미국행이었다. 미국에는 부모님과 누나가 살고 있었다. 미국에 가서 새로운 기회를 만들어보자는 게 그의 생각이었다. 1976년, 단돈 2000달러를 들고 무작정 LA행 비행기를 탔다. 그리고…행복 끝 고생 시작의 나날이 펼쳐졌다.

그는 일단 낡은 중고차를 한 대 샀다. 잠은 부모님이 사시는 방 두 개짜리 아파트에서 잤다. 한국에 사는 약혼녀도 곧 미국으로 건너올 예정이었다. 일단 무슨 일이든 해야 했다. 맨 처음 그가 한 일은 야간에 빌딩을 청소하는 것이었다. 카펫을 청소하고 물걸레질을 하고 왁스를 바르고 걸레질을 하고 소독을 하면 일이 끝났다. 사람들이 퇴근하는 시간에 청소를 시작해서 날이 밝아올 때까지 일할 때도 있었다. 번듯한 정장을 입고 거리를 활보하는 사람들, 물걸레를 들고 청소하는 자신. 스티브 김은 '이런 일을 하려고 미국에 왔나?' 하는 생각에 하루에도 몇 번씩 좌절했다.

'안 되겠다. 야간 대학원에 진학해서 공부를 더 해야겠다.'

그는 캘리포니아 주립대학교 대학원에 들어가 전자 통신 공부를 했다. 빌딩 청소 일은 한 달 만에 그만두었다. 한국인 사장이 임금을 주지 않았기 때문이다(하여간 한국 사람이 더 지독하다). 두 번째로 그가 한 일은 자동차 부품 창고에서 물건을 나르는 일이었다. 아르바이트가 아니라 풀타임이었다. 임금은 시간당 2달러 75센트. 멕시칸과 흑인이 주로 일하는 막노동 현장이었지만 돈이 필요했던 스티브 김은 주말에도 나가 일하면서 임금을 모았다. 그러나 하루에 5, 6달러나 하는 자동차 기름값을 제하고 나면 별로 남는 게 없었다.

스티브 김은 낮에는 종일 고된 일을 하고, 저녁이면 학교에 가서 수업을 들었다. 영어로 하는 수업이라 알아듣기 힘들었다. 대학 다닐 때 제대로 공부하지 않은 걸 후회했다(늘 그렇듯 공부는 다 때가 있다). 남들을 따라가기 위해 스티브 김은 몇 배 더 노력했다. 생사가 달린 문제라 생각하니 열심히 하지 않을 수 없었다. 주말에 창고 일이 없을 때는 홍익대 도예과를 나와 화분 공장을 하고 있던 매형의 공장에서 불량품 화분을 얻어다 벼룩시장에 내다 팔았다. 그야말로 형설지공螢雪之功. 그러나 단순 육체노동으로 돈을 모으는 건 쉽지 않았다. 학비와 자동차 유지비를 제하면 맥주 한잔 마음 놓고 마실 수 없었다. 어려운 시절이었다.

"막막했다. 경제적으로도 힘들었지만 정신적으로도 견디기 힘들었다. 내가 이 정도밖에 안 되나 하는 생각 때문이었다. 부모에게 얹혀사는 나 자신이 한심했다. 곧 월세 150달러를 주고 아파트를 얻었는데 쥐가 나오곤 했다. 그때의 꿈은 '그저 중산층으로 살고 싶다'였다. 남들처럼 회사에 다니고, 남들처럼 가정을 꾸리고, 남들처럼 여유 있게 사는 것. 그것이었다."

—— **엔지니어가 되다**

1980년, 2년 과정 대학원을 3년 만에 마치고 스티브 김은 리튼 데이터 시스템이라는 대기업에 입사했다. 엔지니어가 된 것이다. 회사의 주 업무는 군 방위 통제 시스템을 만드는 것이었다. 스티브 김은 통신 카드를 설계하는 일을 맡았다. 첫 연봉은 2만 5000달러. 큰 발전이었다. 부모님과 누나들은 첫 성공을 축하해줬다.

스티브 김은 은행에서 대출을 받아 3만 달러짜리 집도 샀다. 주말이면 느긋하게 테니스도 치고 파티도 열었다. 회사 업무에도 곧 익숙해졌다. 이런 삶이 계속된다면 미국 사회의 중산층으로 남부럽지 않게 살아갈 수 있었다. 그런데 그는 왠지 만족할 수 없었다.

"내가 가장 바라는 삶은 배움과 성장이 있는 삶이다. 리틀 데이터 시스템에서는 배움과 성장이 더뎠다. 대기업이라 그랬을 것이다. 관료적이고, 너무 여유 있고, 너무 느렸다. 프로젝트를 만드는 과정은 몇 년씩 걸렸다. 나는 구태의연한 것, 시간이나 때우며 일하는 것을 못 견뎌한다. 더 도전적인 일, 더 인정받을 수 있는 일을 하고 싶었다. 남들보다 더 많은 것을 배우고 더 빨리 성공하고 싶었다."

스티브 김은 1년 반 만에 회사에 사표를 던지고 중소기업을 택해 입사했다. 페일로 옵티컬 시스템이라는, 직원 30명인 작은 회사였다. 왜 그랬을까?

"그곳에서 일하는 엔지니어는 두 명뿐이었다. 그래서 사람들이 나에게 기대를 많이 했고, 나를 인정했다. 업무량도 훨씬 많아졌다. 업무가 많으니 더 배울 게 많았다. 그게 좋았다."

일을 더 많이 시키는 회사 사랑하기. 이건 보통 사람 같으면 할 수 없는 일이다. 중소기업인 페일로에서는 엔지니어가 올 라운드 플레이어가 되어야 했다. 영업 사원을 따라가서 영업 사원이 잘 모르는 기술적인 부분도 설명해야 했다. 이때 스티브 김은 기술 개발만큼이나 영업도 흥미진진한 영역이라는 사실을 깨달았다. 사람을 만나 설득하고 무엇이든 팔 수 있다는 사실이 영업의 매력이었다. 게다가 영업 사원은

© Dan Watson

샌드 캐니언 컨트리 클럽 하우스를 둘러보는 스티브 김(2018년)

자신의 실적만큼 수당을 받을 수 있었다. 스티브 김의 연봉보다 두 배나 많은 돈을 버는 세일즈맨도 있었다.

페일로에는 규모가 작은 공장이 있어서 개발하고 만들어 파는 과정을 한눈에 파악할 수 있었다. 스티브 김은 관리직 일도 해야 했고, 제품에 문제가 생기면 수리도 해야 했다. 고객의 불만을 접수해서 새 제품에 반영하기도 했다. 큰 회사에서 작은 일을 하던 스티브 김은, 작은 회사에서 큰일을 하게 됐다. 자신의 책임이 커지면 커질수록 그는 즐거웠다(우리와는 전혀 다르다). 그는 자신의 책임을 철저히 완수했다. 기술개발과 영업 모두에서 스티브 김은 회사에서 없어서는 안 될 존재가 됐다. 입사 2년 만에 그의 연봉은 배로 올랐다.

"중소기업에 들어가서야 나는 빛나기 시작했다. 한 번에 많은 일을 할 수 있었고 많은 업무를 파악할 수 있었다. 대기업에 그대로 있었으면 나는 5년이 지나도 그저 그런 정도에 머물러 있었을 것이다. 중소기업을 택했기 때문에 나는 빨리 성장할 수 있었고 나아가 창업할 수 있었다."

─── 창업의 길

스티브 김은 페일로에서 쌓은 경험을 바탕으로 1984년에 파이버먹스라는 광섬유 네트워킹 업체를 창업했다. 이전의 컴퓨터는 구리 선을 통해 데이터를 주고받았다. 구리 선은 거리가 멀어지면 다시 증폭 과정을 거쳐야 했는데, 광섬유는 더 양이 많은 데이터를 훨씬 멀리까지 동시에 보낼 수 있는 장점이 있었다. 이 때문에 광섬유가 새로운 전자 통신 소재로 주목받고 있었다.

친구들과 10만 달러를 모아 창업한 스티브 김은 1년 동안 기술 개발에 전념해 새로운 통신 시스템 제품을 만들었다. 다시 30만 달러를 투자받은 그는 자신의 제품을 시장에 내놓아 판매하기 시작했다. 파이버먹스는 창업 첫해부터 미항공우주국NASA의 주문을 받는 등 승승장구했다. 1993년에는 대기업에 컴퓨터 네트워킹 시스템을 제공하는 자일랜을 창업하기에 이르렀다. 그는 미국 사회에서 15년 동안 기업체의 CEO로 재직했다. 1년이 4분기니까 모두 60분기이다. 이 60분기 동안 그는 단 한 번도 매출 목표에 미달한 적이 없다. 그 매출 목표는, 매년 100퍼센트 성장이었다. 60전 60승이다. 이순신 장군은 23전 23승이었다. 세계 시장이 총성 없는 전쟁터라면 스티브 김은 전설적인 승률을 기록한 셈이다.

불가능할 것 같은 목표를 거침없이 달성하고 금의환향한 그는 이제 가난하고 핍박받는 청소년들에게 꿈과 희망에 찬 미래를 선사해주기 위해 전략을 짜고 있다.

이 글은 스티브 김의 자서전과 강연, 그리고 2010년 12월 17일 '꿈·희망·미래 재단' 사무실에서 필자와 스티브 김 사이에 있었던 인터뷰를 바탕으로 쓴 것이다.

스티브 김이 젊은이들에게

"공부나 학벌, 스펙보다 더 중요한 게 뭔지 아십니까? 이를테면 이런 것들입니다. 책임감, 다른 사람을 호감을 갖고 대하는 것, 판단 능력, 문제 해결 능력, 오픈 마인드….

늘 호기심을 가지길 바랍니다. 왜 그럴까? 왜 이렇게밖에 안 될까? 더 나은 방법은 없을까? 그 더 나은 방법은 여러분이 만들어보십시오. 매번 똑같은 일을 하며 재미없게 살지 말길 바랍니다. 좀 색다른 일을 찾아보십시오. 청춘 시절에는 여행도 하고 봉사도 하고 방황도 하면서 보내십시오.

여러분이 대학생이라면 도서관을 떠나십시오. 도서관에서 토플 책만 보지 말고 더 넓은 세상에서 배워야 합니다. 책뿐 아니라 만나는 사람에게 물어서 지식을 얻으십시오.

저는 모르는 것이 있으면 상대가 누구이든 물어보길 즐깁니다. 30

년 동안 미국에 있다가 한국에 돌아오니 사람들이 잘 묻질 않더군요. 물어보십시오. 성공한 사람들에게 어떻게 그렇게 성공했는지, 창조적인 사람들에게 그 창조의 근원이 무엇인지, 멋진 사람들에게 그 멋을 어떻게 가꾸는지, 매력적인 사람들에게 매력을 어떻게 유지하는지 물어보십시오. 물어보지 않고 어떻게 알겠습니까?

비실비실한 마마보이나 마마걸이 되지 말고 열정이 넘치는 사람이 되십시오."

"나의 성공비결은 이길 수 없는 싸움을 하지 않는 것이다."

– 손정의

손정의

孫正義

목표가 먼저이다

소프트뱅크 창업자

----- **꿈꾸면 이루어진다**

론다 번의 베스트셀러《시크릿》이 무한 반복하며 주장하는 것은 한 가지이다. '간절히, 생생하게 원하면 이루어진다'. 왜 세계 인구의 1퍼센트밖에 안 되는 사람들이 전 세계 돈의 96퍼센트를 벌어들이는 것일까? 그 사람들의 마음을 지배한 생각이 '부'였고, '부'에 대한 이들의 생각이 부를 끌어당겼다는 것이다. 이것이《시크릿》이 주장하는 끌어당김의 법칙이다.

'시크릿당' 당원들은 '꿈꾸면 이루어진다', '비전을 품으면 성공한다', '사람은 자기가 생각하는 대로 살게 된다'는 복음을 전파하고 있다. 이 당의 골수 당원 중 하나가 마크 빅터 한센이다.《영혼을 위한 닭고기 수프》,《마음을 열어주는 101가지 이야기》같은 베스트셀러를 쓴 그는 1974년에 네빌 고다드의 책《부활》을 읽고 인생이 바뀌었다. 고다드는 이렇게 말했다.

"끝에서 시작해서 다시 앞으로 가라."

인생에서 원하는 목표를 먼저 만들어놓고 거기에서부터 시작하라는 것이다. 목표를 생각하고, 그것에 집중하고, 마치 원하는 것을 이미 이룬 것처럼 머릿속에 그려보면 목표가 이루어진다는 것이다. 말은 참 쉽다.

바베이도스 출신인 네빌 고다드는 책을 쓸 당시 뉴욕에서 배우로 활동하고 있었다. 어느 날 그는 문득 고향에 가고 싶었다. 그는 그날부터 꿈꿨다. 아름다운 태양이 내리쬐는 카리브해의 섬 바베이도스를. 매일 밤 파도와 햇살과 고향 마을에 돌아가는 자신을 상상하며 잠이 들었는데, 1주일 뒤에 누군가 왕복 비행기표와 여행 티켓을 쥐여주더라나.

이 책을 읽은 젊은 시절의 마크 빅터 한센도 똑같은 행동을 했다. 책을 읽고 나서 꿈꾸기 시작한 것이다. 이를테면 이런 식으로 자기 최면을 걸었다.

'나는 할 수 있다. 나는 베스트셀러를 쓸 수 있다. 미래가 생생하게 보인다. 행복한 결혼을 할 수 있다. 멋진 아이들을 갖게 될 것이다…'

마크 빅터 한센은 그렇게 목표를 먼저 세우고 마치 다 이루어진 것처럼 생각했는데, 몇 년 뒤 그 목표가 정말 이루어졌다고 한다. 베스트셀러 작가가 됐고, 대저택에 살며, 사랑하는 가족을 얻었다. 그는 이렇게 말한다.

"당신은 얼마든지 부유해지고 유명해질 수 있다. 당신이 상상하기만 하면. 얼마나 멋진 일인가!"

마크 빅터 한센이나 네빌 고다드, 론다 번 식으로 '시크릿당' 강령이 체화된 사람 중 한 명이 손정의이다.

─── 천국과 지옥

손정의(1957~)는 어떤 사람인가? 손정의는 전 세계 800여 개 회사에 투자하고 있는 소프트뱅크를 창업했으며 현재 회장 겸 CEO로 재직하고 있다. 소프트뱅크는 1981년 컴퓨터 소프트웨어 유통을 시작해 1년 만에 4600개 가맹점을 거느리고 매출 35억 엔을 기록했다. 컴퓨터 업계의 신데렐라로 통하던 손정의는 컴퓨터 잡지 출판 시장에 진출해 3년 만에 매달 600만 부를 발행하는 성공적인 출판업자가 되기도 했다.

손정의는 1995년 세계적 컴퓨터 전시회인 컴덱스의 운영권을 8억 달러에 인수하고 미국 잡지사 '지프 데이비스'를 21억 달러라는 거액에 사들이면서 세계적인 큰손으로 불리게 되었다.

그는 지프 데이비스를 통해 앞으로 크게 발전할 유망한 회사를 발굴해 달라고 요청했다. 이때 추천받은 회사가 야후였다. 당시 야후는 매출 200만 달러에 100만 달러 적자를 기록하는 소규모 회사에 불과했다. 그러나 손정의는 야후의 CEO였던 제리 양을 만나고 성공을 확

도쿄 기자회견에서 소프트뱅크 기업 방향에 관해 설명하는 손정의(2018년)

신하며 1억 5000만 달러를 투자해 35퍼센트 지분을 확보했다. 그 후 야후는 승승장구하며 나스닥에 상장되고 손정의는 천문학적인 금액을 벌게 됐다.

손정의는 2000년에 《포브스》가 선정하는 올해의 비즈니스맨에 선정되어 명성을 날렸다. 그해에 760억 달러 재산으로 세계 부자 순위 4위에 올랐다. 하지만 인터넷 거품이 꺼지면서 그는 단 1년 만에 재산이 94퍼센트나 줄어드는 아찔한 경험도 해야 했다.

칭찬 일색이던 언론은 이때부터 돌아섰다. 그의 사업에 회의감을 가지며 많은 비판을 가하기 시작했다. 표적이 된 것은 그의 시가 총액 위주 경영이었다. 그의 비즈니스라는 것이 '회사를 인수 합병하면서 덩치를 키우고 주식 시장에 상장시킨 다음 주가를 올려 이익을 보는 것'에 불과하다는 것이었다.

하지만 손정의는 자신의 사업이 "돈이 없어서 제때 투자를 받지 못하는 회사를 발굴해 물과 영양분을 주는 것"이라며 벤처 캐피털의 필요성을 역설했다. 그는 주위의 비난에 굴하지 않고 자신의 길을 갔다.

중국 샨다에 투자했던 4000만 달러는 5억 달러가 되어 돌아왔고, 타오바오닷컴의 주식에 1800만 달러를 투자하고 13억 달러의 가치를 인정받았다. 가장 존경하는 기업인 순위에서도 빠지지 않고 등장해 어느덧 일본 디지털 경제의 선장으로 인정받고 있다.

───── 김대중과 손정의

손정의가 어떤 사람인지를 잘 보여주는 일화가 있다. 1998년 6월, 손정의와 빌 게이츠는 한국의 김대중 대통령과 만났다. 당시 한국은 IMF 구제금융 사태로 심각한 경제적 위기에 빠져 있었다. 김대중 대통령은 손정의에게 물었다.

"우리나라의 경제를 되살리려면 어떻게 하면 좋겠습니까?"

손정의는 곁에 있는 빌 게이츠의 얼굴을 힐끗 쳐다본 후 이렇게 답했다.

"대통령 각하, 세 가지가 중요하다고 생각합니다. 첫째는 브로드밴드, 둘째도 브로드밴드, 셋째도 브로드밴드입니다. 한국은 브로드밴드에서 세계 최고가 되어야 합니다. 이것만 달성하면 한국은 다시 일어설 수 있습니다."

"브로드…밴드가 뭡니까?"

"전송매체 하나에 여러 데이터 채널을 제공하는 디지털 정보 방식입니다. 초고속 인터넷과 같은 말이지요. 이는 앞으로 모든 전자공학의 근본적인 인프라가 될 것입니다. 한국이 초고속 인터넷을 전국적으로 보급한다면, 이를 바탕으로 온갖 전자산업이 크게 성장할 수 있을 것입니다."

손정의는 김대중 대통령에게 재차 강조했다.

"각하께서는 '브로드밴드 분야에서 세계 최고가 되겠다'고 결심을 한, 인류 역사상 최초의 대통령이 되셔야 합니다. 각하의 권한으로 초고속 인터넷 기반 시설을 강력하게 구축해야 하고요."

"알겠습니다. 자세히는 모르겠지만, 대단히 중요하다는 것만큼은 알겠군요."

김대중 대통령은 옆에 선 빌 게이츠에게 물었다.

"당신은 어떻게 생각합니까?"

빌 게이츠는 주저하지 않고 답했다.

"저도 손정의 씨의 견해에 100퍼센트 동감합니다."

김대중 대통령은 잠시 생각하더니 입을 열었다.

"좋아요. 두 분이 그렇게까지 말한다면, 당장 필요한 조치를 내리도록 하지요."

그로부터 한 달도 채 되지 않은 어느 날, 김대중 대통령은 다음과 같은 긴급 명령을 내린다.

'대한민국의 모든 학교에 초고속 인터넷망을 보급하라. 모든 규제를 즉각 완화하라. 정부의 예산, 법률 체계 등 모든 분야를 초고속 인터넷의 성공을 위해 개혁하라!'

우리가 지금 세계 최고의 인터넷 강국이 된 것은 어쩌면 손정의 때문인지도 모른다.

—— 디지털 혁명을 이룩하라!

손정의는 열아홉 살 때부터 세계의 디지털 정보 혁명을 꿈꿔왔다. 그는 '먼저 꿈꾸면 이뤄진다'는 명제를 체득한 사람이라 할 수 있는데 청년 시절은 이 명제의 실천으로 채워졌다. 널리 알려진 것이 '인생 50년 계획'이다. 손정의는 스물한 살이던 1978년, 우미 마사미와 결혼하면서 신부에게 이렇게 말했다.

"인생은 긴 것 같아도 짧다. 50년도 아차 하는 사이에 지나가버린다. 나는 20대에 사업을 시작해서 이름을 올리고, 30대에는 운용자금을 모을 것이다. 1000억 엔쯤 되면 좋겠다. 그리고 40대에는 1조~2조엔을 투자해 승부를 걸고, 50대에 사업을 완성해서 60대에는 후계자에게 넘길 것이다. 이게 내 라이프 플랜이다."

이 인생 계획은 열아홉 살에 세운 것인데, 스물한 살이 되던 해에 아내에게 처음 말한 것이다. 손정의는 참…조숙한 청년 아닌가? 열아홉에 벌써 인생 50년 계획을 세우다니.

신기한 것은, 손정의의 인생 계획이 거의 정확히 맞아떨어졌다는 점이다. 그는 24세에 소프트뱅크를 설립했고, 37세 때는 소프트뱅크의 시가 총액이 2000억 엔에 달했다. 49세인 2006년에는 보더폰을 인수해서 통신 사업에 승부수를 던졌다. 현재 소프트뱅크는 일본의 3대 종합 통신 회사로 성장했다. 일본 벤처 기업 중 유일하게 매출액 2조 엔을 상회하고 있다.

손정의는 신혼 시절 우미 마사미에게 "서른 살쯤 되면 저택에 살게 해주겠다"라고 약속했다. 우미 마사미는 그저 허풍이라고 생각했다. 서른 살에 이들 부부는 도쿄의 임대 아파트에 살고 있었다. 우미 마사미는 웃으며 "결혼할 때의 그 기세는 어디로 갔느냐?"라고 물었다. 손정의는 말없이 웃기만 했다. 그는 서른아홉에, 우리 돈으로 450억 원을 들여 도쿄 아자부에 대저택을 지었다. 3173제곱미터(960평) 대지 위에 솟은 연건평 2677제곱미터(810평)인 3층 건물이었다. 손정의는 이 집 열쇠를 우미 마사미에게 선사하면서 이렇게 말했다.

"약속 지켰소."

── 발명 그리고 오락실

손정의는 스무 살에 미국 버클리대학교 경제학과에 입학했다. 그는 전공과 수학, 물리, 컴퓨터학에 관심을 갖고 공부했다. 그리고 유학 자금을 해결하기 위해 틈틈이 발명에 몰두했다. 그는 먼저 계획부터 세웠다. '하루에 하나씩 발명 아이디어를 생각해낸다'. 그는 아이디어 노트에 매일 한 개씩 발명에 관해 메모했다. 그의 아이디어는 모두 250개나

대만 타이베이에서 열린 비즈니스 행사에 참석해 인터뷰하는 손정의(2019년)

되었고, 실제로 몇몇 제품을 발명하기도 했다.

　그중에 음성 전자 번역기는 샤프에서 시제품으로 개발, 판매했다. 대학생 손정의는 이 발명품으로 샤프에서 1억 엔이나 되는 계약금을 받았다. 오늘날 우리가 쓰는 전자사전의 모태가 된 것이 바로 손정의의 자동 번역 소프트웨어이다.

　얼마 뒤, 대학생 사업가 손정의는 일본에서 유행하는 게임기를 미국에 들여와 설치할 계획을 세웠다. 일본에서 유행하던 인베이더 게임기 5대를 대학가 식당에 설치해서 짭짤한 재미를 본 손정의는 버클리 대학교 캠퍼스 근처에 있는 게임 센터를 9만 달러에 사들였다.

　절친한 친구의 아파트를 저당 잡혀 게임 센터 매입 비용을 마련했다. 손정의는 "내 돈 되돌려 받을 수 있는 거야?"라고 묻는 친구에게 이렇게 대답했다.

"걱정하지 마. 나한테 다 계획이 있어. 이 게임 센터 매상을 한 달 안에 3배로 끌어올릴 거야."

친구는 의아해했지만, 손정의는 자신 있었다. 그는 게임 센터의 아르바이트생을 전부 게임을 좋아하는 대학생으로 교체했다. 이들은 손님들의 질문에 대답할 뿐 아니라 게임 잘하는 법을 가르쳐주기도 했다 (손님도 대부분 대학생이었을 텐데…1970년대 말 버클리 학생들의 성적이 떨어졌다면 그건 전적으로 손정의의 책임이다).

어찌 되었든 게임 센터에는 손님이 넘쳐났고, 한 달 만에 매상은 정말 3배로 뛰었다. 손정의는 그야말로 미다스의 손이었다.

명확한 목표가 우선

손정의가 1980년 3월 일본으로 돌아와 처음 세운 계획은 '일본 최고의 기업가가 되겠다'는 것이었다. 그의 계획은…물론 실현되었다. 그는 인생의 고비마다 자신이 처음 세운 목표를 되새겼다. 꿈과 약속을 접는 일, 한 번 한 말을 거두어들이는 일, 옳지 않은 일을 하는 것 따위는 손정의의 인생에 없었다.

소프트뱅크에서 오랫동안 손정의의 비서를 역임해온 미키 다케노부는 이렇게 말했다.

"손정의의 인생 계획이 그대로 실현된 것은 단순히 손정의가 운이 좋아서가 아니다. 손정의는 먼저 명확한 목표로 설정했다. 10년 단위로 나누어서. 그 계획을 실현하기 위해 그의 뇌는 끊임없이 움직였다. 필요한 정보를 찾고, 인맥을 형성하고, 활동을 전개해온 것이다.

손정의는 목표를 먼저 설정함으로써 정보에 대한 시행착오를 되풀이하면서 실수를 줄일 수 있었고, 이로 인해 목표에 접근하는 학습을 할 수 있었다. 대인관계도 마찬가지였다. 우연한 만남보다는 자신의 목표에 부합하는 사람과 자연스러운 유대관계를 가져왔다."

놀라운 일이다. '만나다 보니 사업의 목적에 부합하는 사람이 된다'가 아니라 '아예 처음부터 사업 목적에 맞는 사람을 골라 만난다'는 게 그의 대인관계 습관이었던 것이다. 그 습관이 잘못되었다고 보지 않는다. 손정의의 인생 자체가 목표 지향적이었기 때문에 그랬던 것뿐이다.

손정의의 청년 시절은 '성공은 그것을 갈망하는 자의 몫'이라는 사실을 우리에게 알려준다. 지금부터 10년 뒤, 20년 뒤, 30년 뒤의 성공을 구체적으로 마음속에 그리고 성공을 위해 무엇을 할지 계획을 세워보자.

손정의가 젊은이들에게

"제 고향에서 가까운 후쿠오카현 우키하시에 잉어잡이 명인 마샨 씨가 살고 있습니다. 마샨 씨가 세운 잉어 음식점은 지금도 손님이 많이 찾아가는 곳이지요.

마샨 씨가 어떻게 잉어를 잡는지 아십니까? 마샨 씨는 추운 겨울에 벌거벗고 잉어 서식지인 치쿠고강에 뛰어들어갑니다. 잉어는 따뜻한 곳을 찾아 이 명인의 몸 주위로 모여들지요. 그때 마샨 씨는 잉어를 안고 그대로 끌어 올립니다. 그렇게 잉어를 잡는 겁니다.

사업도 마찬가지라고 생각합니다. 사업의 상대가 잉어라 칩시다. 상대가 내 체온에 이끌려 자연스럽게 내 쪽으로 다가오게 해야 합니다. 그물을 치거나 낚싯바늘로 강제로 잡으면 잉어는 몸에 상처를 입거나 충격을 받게 됩니다. 그렇게 잡은 잉어, 즉 사업이나 사람은 결코 온전한 자산이 되지 않습니다.

저는 '가볍게 이긴다'는 말을 좋아합니다. 이 말의 뜻은 이기기 위한 모든 상황을 구체적으로 만들어놓고 전투에 임한다는 것입니다. 이길지 말지 알 수 없는 상황에서 기적같이 승리하는 것은 승리가 아닙니다. 처음부터 모든 변수를 고려하고, 철저히 계획을 세우고, 누가 봐도 우리의 승리가 당연한 상태를 만들어놓는 것입니다.

싸워서 이기는 것이 아니라, 이겨놓고 싸우는 것입니다."

"사람들이 자신을 믿는다면 놀라운 일을 이뤄낼 수 있다."

– 샘 월턴

샘 월턴

Sam Walton

경쟁자가 있어야 내가 있다

월마트 창업자

—— 재벌 스파이

"1970년대 월스트리트의 분석가들은 K마트가 시어스를 붕괴시키고 20세기 후반부의 소매 사업을 장악할 것이라고 예견했다. 그러나 자기만족에 빠진 K마트는 변화를 등한시하다 결국 파산하고 말았다. 시어스의 쇠퇴 또한 월마트를 무시한 데 결정적 원인이 있었다.

반면 샘 월턴은 자신의 경쟁자들을 면밀하게 주시하고 있었다. 정보를 얻기 위해 직접 라이벌 매장을 둘러보곤 했는데, 트레이드마크인 야구 모자를 벗고 선글라스를 낀 채 매장을 돌아다녀 '훔쳐보기 대장'

이라는 별명을 얻기도 했다. 다른 회사의 매장에서 월마트보다 가격이 싼 상품을 발견하면, 즉시 가까운 월마트 매장의 매니저에게 전화를 걸어 당장 가격을 내리라고 불호령을 내렸다…."

—— 로버트 슬레이터

샘 월턴(1918~1992)은 월마트라는 거대한 소매점 제국을 이룩한 사나이이다. 생전에 그는 수조 원을 지닌 부호였다. 그런데도 그는 시도 때도 없이 라이벌 회사의 매장을 찾아다니며 가격을 조사했다. 그 버릇은 아무도 말릴 수 없었다. 말리다 지친 아내 헬렌은 "휴가를 가거나 좋아하는 운동을 해보자"라고 제안했지만 소용없었다. "샘은 K마트가 보이면 한번 들여다보기라도 해야지, 절대 그냥은 못 지나쳐요."(좀 심했다. 성공은 이렇게 혹독한 것인가?) 가끔, 부자들은 제정신이 아닐 때가 있다.

《포브스》 집계 세계 부자 순위에서 월마트 대주주인 월턴가는 여전히 정상권에 있다. 2010년 세계 부호 순위 20위 안에 든 월턴네 사람들은 모두 네 명이나 된다. 월턴 가족의 재산을 모두 합하면 900억 달러에 이른다.

세계에서 가장 부유한 사람 20명 중 가장 젊은 여성은 샘 월턴의 며느리 크리스티이다. 그녀의 남편이자 샘 월턴의 차남인 존 월턴은 2005년에 비행기 사고로 사망했다. 크리스티는 월턴의 유산을 물려받았고 2010년 기준으로 재산이 30조 원에 달한다.

생전의 샘 월턴은 후손들에 대해 걱정하곤 했다. 월마트 창업 동업자인 찰리 바움에게 샘 월턴은 어느 날 새벽 6시에 전화를 걸어 이렇게 말했다.

"지들이 결코 가난해지지 않을 거라는 사실을 안다면, 손자 녀석들이 어떻게 일하러 갈 생각이 나겠어? 걱정이야, 걱정!"

그러나 자본주의 사회에서 한번 쌓아놓은 부는 쉽게 허물어지지 않는다. 돈이 돈을 버는 세상이기 때문이다.

—— 월마트와 샘 월턴

월마트는 2002년 《포천》이 선정한 세계 최고 매출 기업이고, 2003년에는 가장 존경받는 기업 1위에 선정됐다. 그러나 동시에 '마트 노동자들은 최저임금과 격무에 시달린다'는 비판도 있다. 월마트는 분명히, 존경받으면서 동시에 의심받는 기업이다. 부자들에게는 존경받지만, 노동자들에게는 의심받는다. 고인이 된 샘 월턴에게 이런 말을 하면 단 두 마디 말만 할 것이 틀림없다.

"Shut up!"

샘 월턴은 어떤 면에서는 옹고집쟁이였다. 그는 가끔 1948년형 에어쿠프 경비행기를 타고 월마트 지점을 순방하거나 새 월마트 부지를 보러 다녔다. 이 때문에 그의 경비행기는 아주 낮게 날아다니곤 했다. 한번은 연방 항공 관리국에서 월턴에게 "저공비행을 하지 마시오"라며 무선으로 경고를 보낸 적이 있다. 그때 샘 월턴이 취한 행동은? 무전기를 꺼버렸다.

한번은 기자가 그에게 물었다. "당신은 너무 구두쇠 이미지 아닙니까? 있는 사람이 돈을 좀 써야 경제에 도움이 되지 않겠어요?" 샘 월턴은 대답했다. "내가 소비를 하지 않는다고? 내가 가진 자가용 비행기만 18대야!"

샘 월턴은 또 이렇게 말했다. "나는 성실하게 일해서 돈을 벌었고 그 덕에 명성을 좀 얻었다. 하지만 나는 사람들의 불필요한 관심이 달갑지 않다. 도대체 내가 왜 할리우드에서 열리는 엘리자베스 테일러의 결혼식에 초청을 받아야 하는가?"

그가, 자기 동네인 벤톤빌의 이발소에서 이발을 하는 소식이 잡지 가십난에 실린 적이 있다. 이때 그는 이렇게 대꾸했다.

"아니, 그럼 이발소 말고 어디서 이발을 하란 말이야!"(미용실이 있잖아요-로진 생각)

또 샘 월턴이 픽업트럭을 타고 다니는 모습이 신문에 실린 적이 있다. 이때 그의 반응은 "그럼 내 개들을 롤스로이스에 태우고 다니란 말인가?"였다(아, 까칠하다).

──── 질투의 화신, 샘 월턴

샘 월턴은 미국 아칸소주 뉴포트라는 소도시에서 작은 잡화상을 시작해 세계 최대 유통 기업으로 일궈냈다. 이제, 샘 월턴의 초년 시절로 되돌아가보자.

결론부터 말하면, 샘 월턴은 '경쟁심'으로 똘똘 뭉친 사람이었다. 경

© Wal Mart

월마트의 임직원들 앞에서 신문에 난 월마트 기사에 대해 설명하고 있는 샘 월턴

쟁에서 지는 것을 참지 못했고, 경쟁했으면 반드시 이겨야 했다. 이기기 위해 그는 늘 경쟁자를 주시했다.

그는 어렸을 때부터 질투의 화신이었다. 샘 월턴은 언제나 자신의 목표를 높게 설정했다. 미주리주에 살던 어린 시절, 그는 줄곧 학급 임원이었으며 남과 겨루는 것을 무척 좋아했다. 그가 보이스카우트가 되었을 때, 친구들과 '누가 제일 먼저 최상위급인 독수리 스카우트가 될 것인가'를 놓고 내기를 했다. 샘 월턴은 열한 살 때 독수리 스카우트가 되었는데 그건 미주리주 역사상 최연소 기록이었다.

그의 동생 버드 월턴이 말했다.

"형이 신문 배달을 했을 때가 기억난다. 그때 독자 모집 콘테스트가 있었다. 상금이 아마 10달러였던 것 같다. 형은 새로운 구독 계약을 하러 집집마다 돌아다녔고, 결국 그 콘테스트에서 승리했다."

1940년, 대학을 졸업하고 샘 월턴이 첫 직장으로 선택한 곳은 아이오와주의 디모인에 있는 JP 페니 잡화상점이었다. 출발부터 소매업계를 택한 그는 "나는 처음부터 소매업을 좋아했다. 그리고 지난 52년 동안 좋아했다"라고 자서전에서 밝히고 있다. 이런 점에서 그는 행운아였다. 우리 주변에는 10년 가까이 한 회사에 다니면서도 "나는 아직도 내가 뭘 좋아하는지 모르겠어"라고 말하는 사람들이 많으니까.

샘 월턴은 처음 일할 때부터 경쟁자를 주시했다. 페니 상점이 있는 디모인 사거리 주변에는 시어스, 요커스 등 또 다른 잡화점이 있었다. 스물두 살 때 샘 월턴은 점심시간이면 이 상점들을 한 바퀴 돌아보며 그들이 무얼 팔고 있는지 살펴보곤 했다.

─── 소매점주 샘 월턴

샘 월턴은 1943년 헬렌 롭슨과 결혼했다. 2년 뒤 샘 월턴은 아칸소주 뉴포트의 한 소매점을 2만 5000달러를 주고 사들였다. 뉴포트시의 인구는 겨우 7000명이었다. 샘 월턴은 5년 내 아칸소주 최고의 잡화점을 만든다는 목표로 열심히 일했다. 그가 이런 목표를 갖게 된 이유는 바로 라이벌 때문이었다. 아내 헬렌은 훗날 이렇게 말했다.

"샘을 부추긴 것은 길 건너편에 있는 경쟁자였다. 그는 바로 스털링 스토어의 주인 존 던햄이었다. 샘은 언제나 그곳을 바라보며 존이 무엇을 하는지 살펴보곤 했다. 언제나 그랬다(샘 월턴의 '경쟁자 훔쳐보기' 버릇은 청년 시절부터 시작됐다). 그는 존의 가격과 디스플레이를 눈여겨보았으며 존 던 햄의 가게에서 무슨 일이 일어나고 있는지 세밀하게 주시했다. 그러면서 그는 언제나 일을 좀 더 잘할 수 있는 방법을 찾고 있었다. 자세한 내용은 기억나지 않지만 존과 샘이 팬티 가격 전쟁에 들어갔던 일이 생각난다. 샘을 만나기 전에 존은 그보다 더 좋은 경쟁자를 만난 적이 없었을 것이다."

팬티는 청년 소매상 샘 월턴이 자주 취급하던 품목이었다. 1950년, 아칸소주 벤톤빌에 첫 염가 상품점을 열었을 때의 일이다. 샘 월턴과 동료인 찰리 바움은 바닥에 물건이 가득 담긴 통들을 들여놓고 팔았다. 중년 부인들이 상점 안으로 들어와 그 통 위로 몸을 구부리고 물건을 집어 올렸다. 부인들은 속옷이 보이는 것도 모른 채 물건을 골랐다. 그런데 부인들의 팬티는 대부분 찢어진 팬티였다! 2차 세계 대전 이후의 어려운 경제 상황이 속옷 하나도 몇 년씩 입게 만들었던 것이다. 그 모습을 보고 있던 샘 월턴은 얼굴을 찌푸리며 찰리 바움에게 이렇게 말했다.

"찰리, 우리는 말이야. 역시 팬티에 주력해야 할 것 같아."

── 경쟁자를 물리치기 위해서라면

경쟁심 가득한 청년 샘 월턴은 뉴포트의 상점에 경쟁자를 물리칠 만한 강력한 아이템을 들여놓았다. 다른 가게에서는 볼 수 없는 것! 오

샘 월턴은 평소 월마트 로고가 새겨진 야구 모자를 즐겨 썼다.

직 샘 월턴의 가게에만 있는 것! 그것은 바로 팝콘 기계와 아이스크림 기계였다.

샘 월턴은 이 두 기계를 가게 앞에 설치해놓고 길 가는 사람들에게 팝콘과 아이스크림을 맛보게 했다. 팝콘의 환상적인 냄새가 거리로 퍼져나가 사람들을 불러들였다. 더운 여름엔 시원한 아이스크림이 손님을 유혹했다. 사람들은 물건을 사기 위해서는 물론이고 아이스크림과 팝콘을 먹기 위해 월턴네 가게로 몰려들었다. 샘 월턴은 기계를 사기 위해 당시로서 큰돈인 1800달러를 은행에서 대출받았는데 곧 대출금을 모두 갚았다.

팝콘과 아이스크림 기계 덕분에 샘 월턴은 노련한 경쟁자 존 던햄의 가게보다 더 많은 매출을 올릴 수 있었다. 가게를 연 지 3년 만이었다. 존 던햄이라고 가만히 있지는 않았다. 그는 자신의 가게 옆에 있는 크로거 식품점을 인수해서 상점을 두 배로 확장하겠다는 계획을 세웠다. 이 정보는 곧 샘 월턴의 귀에 들어갔다. 샘 월턴은 다짜고짜 크로거 식품점 건물의 주인을 찾아가서 "크로거 식품점 임차권 계약을 맺읍시다!" 하고 졸랐다. 절대 존 던햄에게 질 수 없다는 생각 때문이었다. 질투는 나의 힘!- 청년 샘 월턴의 신념이었다.

물론, 샘 월턴 가게의 최대 강점은 물건값이 싸다는 것이었다. 샘 월턴은 당시 프랜차이즈 시스템을 갖춘 벤 프랭클린사의 한 지점을 운영하고 있었다. 계약 조건은 벤 프랭클린을 통해서 물건의 80퍼센트 이상을 구매해야 한다는 것이었다. 벤 프랭클린은 말하자면 유통회사이자 도매상이었다.

샘 월턴은 나머지 20퍼센트(때로는 그 이상)의 품목에 대해 발품을 팔아가며 직접 구매했다. 생산자를 찾아가 싸게 구입해서 다른 가게보다 싼값에 팔았다. 샘 월턴의 가게가 더 싸게 파는데도 연말에 매출과 순익을 따져보면, 샘 월턴은 다른 지점보다 더 많은 이익을 남겼다. 비결은 박리다매였다.

"내가 어떤 품목을 80센트에 샀다고 하자. 나는 그것에 가격을 1달러로 매김으로써 1달러 20센트로 가격을 매기는 것보다 세 배 이상 많이 팔 수 있다는 사실을 깨달았다. 품목당 이윤은 반으로 줄어들지 몰라도 세 배 이상 많은 물건을 팔게 됨으로써 총이익은 훨씬 늘어난다. 얼마나 간단한가."

가격을 낮춤으로써 판매량을 늘릴 수 있다 – 이 간단한 논리가 세계 최대의 유통 제국 월마트의 핵심이다. 이 논리는 이후 모든 할인 유통 업체의 모토가 됐다.

── 최초의 월마트

첫 소매점으로 재미를 본 샘 월턴은 곧 좌절을 경험한다. 잘나가는 상점을 가만히 지켜보던 건물 주인이 자기 아들에게 소매점을 물려주기로 하고 샘 월턴에게 이렇게 말했기 때문이다.

"방 빼!"(어딜 가나 세 들어 사는 사람의 설움은 여전하다.)

이때부터 샘 월턴은 월마트 운영에 하나의 원칙을 만들었다. '내 땅에 상점을 세운다'가 그것이다. 임대한 곳에 가게를 만드는 것이 아니라 건물이나 땅을 아예 사들인 다음 그곳에 점포를 만든다는 것이다.

샘 월턴은 1950년 봄, 아칸소주 북서부 벤톤빌에 최초로 할인 매점을 열었다. 이 매점은 훗날 '월마트 방문자 센터 및 박물관'이 되었다. 이곳에 가게 터를 얻기 위해 돌아다닐 때의 일을 샘 월턴은 이렇게 회상했다.

"어느 날 장인과 나는 차를 타고 벤톤빌로 들어가 그 거리를 둘러보았다. 벤톤빌은 우리가 보아온 도시 중에서 가장 작은 도시였다. 잡화점 하나면 충분할 것 같은 도시에 이미 잡화점이 세 개나 들어서 있었다. 그러나 나는 그곳이야말로 다시 한번 내 능력을 증명하기에 적절한 장소라고 생각했다. 왜? 나는 늘 경쟁을 좋아했기 때문이다."

벤톤빌. 샘 월턴이 상점을 열 때 이곳의 인구는 겨우 3000명이었다. 3000명이면 우리나라 면 단위 인구밖에 안 된다. 샘 월턴은 이곳에 뿌리내린 채, 세계를 점령한 월마트 제국을 일구었다. 노후에도 그는 그곳에 살았다.

샘 월턴은 자서전 감사의 말에 이렇게 썼다.

"나에게 수많은 훌륭한 경쟁자가 없었더라면, 월마트는 오늘날과 같은 성공적인 기업으로 결코 성장하지 못했을 것이다. 그중에서도 특히 최초로 할인점을 기획하고 설립한 사람으로 알려진 K마트의 해리 커닝햄은 시대를 막론하고 가장 뛰어난 소매상 중의 한 사람으로 기억되어야 한다."

샘 월턴이 자서전을 쓸 무렵, K마트는 건재했다(K마트는 2002년에 파산했다). 그러므로 위 글은 샘 월턴이 자신의 경쟁자에게 바치는 진심 어린 헌사였다. 샘 월턴을 만든 것은, 8할이 경쟁자였다.

샘 월턴이 젊은이들에게

"우리가 지금보다 한 단계 정도 더 발전하기 위해서는 굳이 경쟁자가 필요하지 않을지도 모릅니다. 그러나 열 단계, 스무 단계, 나아가 백 단계 정도 폭발적인 발전을 이루기 위해서는 경쟁자가 꼭 필요합니다. 좋은 경쟁자는 나의 선생이며, 잣대이며, 미래입니다. 나쁜 경쟁자는 나의 반면교사이며, 채찍이며, 과거이지요.

폴 매카트니가 있었기에 존 레넌이 있었고, 로버트 레드포드가 있었기에 폴 뉴먼이 있었고, 알 파치노가 있었기에 로버트 드 니로가 있었던 것 아닙니까? 경쟁자가 없으면, 나도 없는 겁니다.

저는 일생 동안 수많은 훌륭한 경쟁자들과 마주했습니다. 저는 그들에게서 배우고 그들을 이기기 위해 노력했습니다. 경쟁자가 없었다면 어쩌면 저의 성공은 없었을지도 모릅니다. 그리고 결과적으로 오늘날과 같이 월마트를 세계적인 기업으로 성장시키지도 못했을 것입니다. 저를 굳건히 하고 늘 끊임없이 노력하도록 한 사람들이 모두 저의 경쟁자들이었습니다. 저는 경쟁자를 연구하고 경쟁자를 넘어서기 위해 저를 발전시켰습니다.

여러분도 되도록 자신보다 뛰어난 경쟁자를 정하고, 경쟁자를 주시하십시오. 그의 행동을 분석하고, 그의 장점과 단점을 면밀히 파악해놓으십시오. 그의 버릇, 습관, 좋아하는 것과 싫어하는 것, 기념일, 자주가는 곳 등등. 경쟁자를 마치 애인처럼 여기고 사랑하십시오. 그리고 최후의 날에 경쟁자를 물리치십시오."

참고문헌

○ 리카싱

김귀현, 《리자청》, 김&정, 2007

왕펑, 《그는 어떻게 아시아 최고의 부자가 되었을까?》, 황보경 옮김, 아인북스, 2005

리원웨이, 《리자청 : 부자가 되는 12가지 상도》, 전미자 옮김, 책읽는사람들, 2003

○ 조지 소로스

조지 소로스, 《소로스가 말하는 소로스》, 고미선 옮김, 국일증권연구소, 1996(279쪽 바
    이런 빈과 조지 소로스의 대담)

이시우, 《조지 소로스》, 김&정, 2009

○ 조앤 롤링

이성한, 연합뉴스, 2010년 9월 1일 자(에든버러대학교 기증 소식)

마크 샤피로, 《조앤 K 롤링, 해리포터를 키운 마법사》, 성귀수 옮김, 문학수첩리틀북스,
    2002

진 스미스, 《해리포터 성공 판타지》, 이은정 옮김, 문예당, 2001

○ 리처드 브랜슨

위키피디아

리처드 브랜슨, 《비즈니스 발가벗기기》, 박슬라 옮김, 리더스북, 2010

리처드 브랜슨, 《내가 상상하면 현실이 된다》, 이장우 외 옮김, 리더스북, 2007

○ 오프라 윈프리

keren Blankfeld, 'Billionaire Women We Admire', Forbes.com,
    2009년 3월 11일 자(커렌 블랭크펠트의 내용-)
이윤정, 《오프라 윈프리》, 김&정, 2007
오프라 윈프·빌 애들러, 《오프라 윈프리의 특별한 지혜》, 송제훈 옮김, 집사재, 2010
로빈 웨스턴, 《나는 실패를 믿지 않는다》, 이정임 옮김, 집사재, 2007
주디 L. 해즈데이, 《오프라 윈프리 이야기》, 권오열 옮김, 명진출판, 2010
에바 일루즈, 《오프라 윈프리, 위대한 인생》, 강주헌 옮김, 스마트비즈니스, 2006

○ 존 록펠러

이채윤, 《십일조의 비밀을 안 최고의 부자 록펠러》, 미래사, 2006
론 처노, 《부의 제국 록펠러》, 안진환 옮김, 21세기북스, 2010

○ 앤드루 카네기

앤드루 카네기, 《카네기 자서전》, 미래경제연구회 옮김, 선영사, 2005
좌구명 외, 《실록 열국지》, 신동준 옮김, 살림, 2006
사마천, 《사기 세가》, 김원중 옮김, 민음사, 2013
레이몬드 라몬 브라운, 《카네기 평전》, 김동미 옮김, 작은씨앗, 2006

○ 마쓰시타 고노스케

마쓰시타 고노스케, 《영원한 청춘》, 김정환 옮김, 거름, 2003
기타 야스토시, 《동행이인》, 박현석 옮김, 21세기북스, 2009
마쓰시타 고노스케, 《마쓰시타 고노스케, 길을 열다》, 남상진 · 김상규 옮김,
    청림출판, 2009
마쓰시타 고노스케, 《사원의 마음가짐》, 양원곤 옮김, 청림출판, 2007

○ 칼리 피오리나

조지 앤더스, 《세계 최고의 여성 CEO 칼리 피오리나》, 이중순 옮김, 해냄, 2007
칼리 피오리나, 《칼리 피오리나 · 힘든 선택들》, 공경희 옮김, 해냄, 2006

○ 이본 취나드

심산, '인수봉 취나드길의 주인공, 마음 가난한 억만장자', [심산의 산 그리고 사람] 〈42〉
　　이본 취나드, 한국일보, 2006년 12월 20일 자
이본 취나드, 《파도가 칠 때는 서핑을》, 서지원 옮김, 화산문화, 2007
이용대, 《알피니즘 도전의 역사》, 마운틴북스, 2007
이지훈, '당신은 침팬지와 고슴도치를 키우고 있는가 – 밀리언셀러 작가이자 경영사상가
　　짐 콜린스', 조선일보, 2010년 10월 2일 자, 위클리 비즈 1면(짐 콜린스의 중력론)

○ 하워드 슐츠

하워드 슐츠, 도리 존스 양, 《스타벅스 커피 한 잔에 담긴 성공신화》, 홍순명 옮김,
　　김영사, 1999
조셉 미첼리, 《스타벅스 사람들》, 장성규 옮김, 명진출판, 2007
www.starbucks.com

○ 빌 게이츠

빌 게이츠, 《빌 게이츠의 미래로 가는 길》, 이규행 옮김, 삼성, 1995
김익현, 《빌 게이츠》, 살림, 2009
이창훈, 《잡스처럼 꿈꾸고 게이츠처럼 이뤄라》, 머니플러스, 2010
유현민, 《부자에게서 부자를 배워라》, 이인북스, 2009
김기태, 《한국 저작권법 개설》, 이채, 2005

○ 일론 머스크

권오상, 《엘론 머스크, 미래를 내 손으로 만들어》, 연합포토, 위키피디아 사진, 탐, 2015
다케우치 가즈마사, 《엘론 머스크 대담한 도전》, 이수형 옮김, 비즈니스북스, 2014
애슐리 반스, 《일론 머스크, 미래의 설계자》, 안기순 옮김, 김영사, 2015
권종원, 《일론 머스크와 지속가능한 인류의 미래》, 클라우드나인, 2021

○ 마크 저커버그

데이비드 핀처 감독, 영화 〈소셜 네트워크〉, 2010

벤 메즈리치, 《소셜 네트워크》, 엄현주 옮김, 오픈하우스, 2010

마샤 아미든 루스티드, 《20대 페이스북 CEO, 8억 제국의 대통령 마크 주커버그》, 조순익 옮김, 해피스토리, 2012

주디 L. 해즈데이, 《저커버그 이야기》 박수성 옮김, 움직이는서재, 2016

○ 워런 버핏

서정명, 《워렌 버핏처럼 부자 되고 반기문처럼 성공하라》, 무한출판사, 2008

앤 재닛 존슨, 《워런 버핏 이야기》, 권오열 옮김, 명진출판, 2009

앤드류 킬패트릭, 《워렌 버핏 평전》, 안진환 옮김, 월북, 2008

앨리스 슈뢰더, 《스노볼》, 이경식 옮김, 랜덤하우스코리아, 2009

○ 스티브 잡스

마이클 모리츠, 《스티브 잡스와 애플 Inc》, 김정수 옮김, 랜덤하우스, 2010

시릴 피베, 《i CEO 스티브 잡스》, 유정현 옮김, 이콘, 2005

이창훈, 《잡스처럼 꿈꾸고 게이츠처럼 이뤄라》, 머니플러스, 2010

다케우치 가즈마사, 《스티브잡스 VS 빌게이츠》, 김정환 옮김, 예인, 2010

○ 스티브 김

스티브 김, 《꿈, 희망, 미래》, 21세기북스, 2009

스티브 김, 《스티브 김의 성공이란 무엇인가?》, 석세스TV, 2010

스티브 김, 《소통의 리더십, 트여야 통한다!》 DVD, 석세스TV, 2010

○ 손정의

Mark Victor Hansen, You've got to read this book, Harper Collins, 2007

김정남, '손자병법에서 경영전략 얻은 손정의', 스마트 미디어 버즈, www.ebuzz.co.kr, 2009년 6월 26일 자(중국 투자 관련 내용)

이노우에 아쓰오, 《일본의 제일 부자 손정의》, 하연수 옮김, 김영사, 2006

오시타 에이지, 《나는 절대로 쓰러지지 않는다》, 은영미 옮김, 나라원, 2002

미키 다케노부, 《손정의 성공법》, 박양순 옮김, 넥서스BIZ, 2008

○ 샘 월턴

샘 월튼, 존 휴이,《샘 월튼: 불황 없는 소비를 창조하라》, 김미옥 옮김, 21세기북스,
    2008

로버트 슬레이터,《월마트 : 슈퍼마켓 하나로 세계유통을 지배하기까지》, 남문희 옮김,
    해냄, 2003